CB076474

سيرة روائيّة للعزلة 408
Copyright © 2021 by Feda Shtia
Published in agreement with Sunono Publishing

Os editores agradecem ao Sharjah Translation Grant pelo suporte.

Edição: Felipe Damorim e Leonardo Garzaro
Tradução: Camila Javanauskas
Arte: Vinicius Oliveira e Silvia Andrade
Revisão: Miriam Abões e Lígia Garzaro
Preparação: Ana Helena Oliveira

Conselho Editorial:
Felipe Damorim, Leonardo Garzaro, Lígia Garzaro,
Vinicius Oliveira e Ana Helena Oliveira.

Dados Internacionais de Catalogação na Publicação (CIP)
(Câmara Brasileira do Livro, SP, Brasil)

S561

Shtia, Feda

Quatro zero oito: contos de uma quarentena / Feda Shtia; Tradução de Camila Javanauskas. – Santo André - SP: Rua do Sabão, 2023.

200 p.; 14 x 21 cm

ISBN 978-65-86460-98-8

1. Literatura árabe. I. Shtia, Feda. II. Javanauskas, Camila (Tradução). III. Título.

CDD 892.7

Índice para catálogo sistemático
I. Literatura árabe
Elaborada por Bibliotecária Janaina Ramos – CRB-8/9166

[2023] Todos os direitos desta edição reservados à:
Editora Rua do Sabão
Rua da Fonte, 275 sala 62B - 09040-270 - Santo André, SP.

www.editoraruadosabao.com.br
facebook.com/editoraruadosabao
instagram.com/editoraruadosabao
twitter.com/edit_ruadosabao
youtube.com/editoraruadosabao
pinterest.com/editorarua
tiktok.com/@editoraruadosabao

QUATRO ZERO OITO

Feda Shtia

Traduzido por Camila Javanauskas

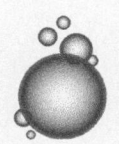

Para o meu pai... para a minha mãe...
para o meu tio...
e para os isolados onde quer que eles estejam.

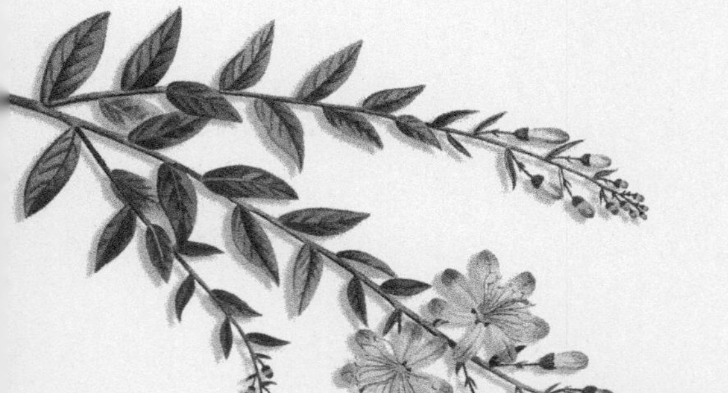

Um encontro em uma feira do livro

1

Eu vou confessar:

Eu acho que fiquei depressiva...

E talvez seja depressiva há um bom tempo.

Anteontem, eu me vesti duas vezes. Não, três vezes.

Eu me vesti pela manhã, pensando: Como irei manter esse *look* nessa sessão de autógrafos até às sete da noite?

Eu tinha um milhão de coisas para fazer.

Todas na minha cabeça...

Eram dez e meia quando descobri, no portão de segurança, que a feira do livro só abriria na tarde de sexta-feira.

Vesti roupas confortáveis e fui ver minha irmã, mas Naya nem veio dizer oi. Ela estava muito ocupada gravando um vídeo para seu canal.

Eu não estava chateada com ela. Eu me senti triste...

Ela não quis vir conosco ao *shopping*, eu me preocupei...

Talvez eu estivesse exagerando, talvez ela estivesse apenas sendo uma adolescente.

Eu tive que me lembrar, de má vontade, que eu não era a mãe dela.

Aproveitei de alguns momentos maravilhosos roubados com Layal e Maya antes de levá-los para casa, dei um beijo de despedida em minha irmã e voltei correndo, tentando parecer glamorosa novamente para a sessão de autógrafos.

Esta foi uma sessão de autógrafos que eu sabia que, de fato, não tinha valor algum; era apenas mais um tique ao lado de uma lista de conquistas vazias

Eu estava torcendo para que nos encontrássemos e conversássemos sobre sua nova coleção de contos. Imaginei que poderíamos tomar um café, ou talvez pegar alguma coisa no saguão do hotel, mesmo sabendo que nada disso seria possível perto da feira do livro, com sua fama e as pessoas intrometidas. No entanto, eu queria apenas imaginar, torcer por isso.

2

A coincidência colocou você no meu caminho nas escadas rolantes do hotel naquele dia. Eu estava lendo no meu telefone sobre andorinhas e sobre seu comportamento temporariamente agressivo durante a época de acasalamento.

Eu não estava pronta para te ver. Eu estava nervosa e confusa, e odiei estar vestida pela segunda vez naquele dia.

Talvez você não tenha notado, talvez tenha se sentido estranho. Mas me lembro muito bem de que não disse nada significativo. Eu me senti muito boba.

Você sabia que, quando a Naya nasceu, eu era tão livre e bonita quanto uma borboleta? Naya era as flores, o pólen e o perfume. Ela era tudo o que torna a vida brilhante e feliz. Passei todas as férias que pude com ela, e até viajei com ela — duas vezes — quando ela tinha apenas dois anos.

Talvez às vezes eu esquecia que eu era sua tia, e pensava que ela era minha filha. Na verdade, eu tinha me encontrado tão profundamente na ideia que parei de me preocupar com a possibilidade de perder o trem da maternidade.

Eu te disse que ela nem me cumprimentou? Ela estava ocupada gravando um pequeno vídeo. Seu canal no YouTube é um verdadeiro sucesso e, na verdade, começou a gerar uma renda decente. Isso não é assustador? Eu me pergunto se tenho o direito de me sentir preocupada. Então a minha cabeça me lembra novamente: VOCÊ NÃO É A MÃE DELA.

Naquela noite, eu sabia que ninguém iria aparecer para a sessão de autógrafos. Eu era uma autora desconhecida que não dava seus livros de graça! Então eu sabia que ninguém viria, exceto Maryam e outra amiga que disse que talvez conseguiria, se ela conseguisse lidar com todas as restrições que a Covid apresentava: um resultado de teste negativo das 48 horas anteriores, uma pulseira que delimita o tempo que você podia passar do lado de dentro, junto com muitas outras regras que passaram a ser aplicadas antes de se poder visitar a feira do livro.

Eu também sabia que teria que lutar para defender um conceito que a maioria das pessoas aqui não entendia: um evento de autógrafos não era um evento no qual você poderia obter uma cópia autografada grátis!

Eu me senti pequena mais de uma vez naquele dia...

Tive que ser franca quando um homem arrogante me interrompeu, enquanto eu explicava a um funcionário na cabine de autógrafos como usar o aplicativo de pagamento. Então tive uma discussão por telefone com um editor conhecido. Eu pensei ter visto você passar enquanto eu estava brigando ao telefone. Acho que você me viu... Fiquei assustada e envergonhada, então me senti estranha com todas essas emoções desconhecidas.

Você me vê? Eu me pergunto.

Eu acho que não, mas gosto de imaginar que sim. Então eu me lembro o quão perigoso esses pensamentos são, e fico menor ainda. Eu confesso, foi muito estranho quando você comprou livros da minha bancada naquele dia. Eu desejei desaparecer, ou que os livros desaparecessem. Eu desejei que pudesse colocar uma placa dizendo: ESTAMOS FECHADOS. NADA À VENDA.

Eu murchei. Algo dentro de mim murchou.

O primeiro dia do Hotel Quarentena

~~~~⟨3⟩~~~~

Ontem, adormeci no minuto em que entrei em cativeiro. Acordei às duas da manhã e agora estou escrevendo para você. Estou realmente escrevendo para você? Isto é uma carta? Será uma história? Adoro imaginar que, um dia, poderíamos ser coautores de uma coleção de contos, e poderíamos lutar juntos as lutas que você tem com seus personagens. Eu ainda estaria esperando por uma cópia assinada por você — uma cópia minha que soa como você.

Eles colocaram a comida do lado de fora da minha porta ontem e fugiram. Fiquei com medo quando abri a porta e senti o corpo de alguém desaparecendo rapidamente depois de dar algumas batidas leves e apressadas na porta. "Obrigada", eu disse, enquanto me inclinava para pegar dois sacos de papel pardo. Achei que era o meu jantar. Eu vislumbrei dois sacos de papel branco na frente da porta do quarto em frente ao meu. Por alguma razão, tive a sensação de que eles estavam lá há muito tempo.

Ninguém respondeu ao meu "obrigada" e tudo o que ouvi foi um silêncio estranho e doloroso. Enquanto fechava a porta do meu quarto, li um aviso escrito em um árabe fraco e cheio de erros: depois que alguém batesse à nossa porta, deveríamos esperar dez segundos antes de abrir, para dar tempo suficiente ao funcionário do hotel de manter uma distância segura. O aviso foi escrito em inglês e em outros idiomas.

Aff! Estou tão contaminada assim? Eu realmente tinha esquecido o que estava acontecendo? Foi tudo uma ilusão?

Eu queria escrever para a gerência do hotel com uma tradução correta e elegante do aviso. Pensei em como era importante para mim e para outros como eu. Eu diria a eles que era, de fato, uma professora de árabe — que eu era escritora, tradutora e editora, talvez eles concordassem.

Então deixei tudo isso de lado e comecei a mastigar uma torta de feijão que claramente tinha sido aquecida no micro-ondas. Eu a coloquei de volta em sua lata. Me lembrei de ter guardado o sanduíche que eles nos serviram no avião, e isso me deu um prazer infantil.

O segundo dia

4

Acordei com o som do alarme que eu havia esquecido de desligar.

Lembrei-me do queijo que comprei em Amsterdã e do pedacinho de pão que sobrou do primeiro voo. Com duas xícaras de café, fiz um bom café da manhã.

Às sete e meia bateram à porta. Esperei meio minuto antes de abri-la. Havia duas sacolas, como da última vez, com o número do meu quarto, 408, escrito nelas.

Acho que meu marido me enviou uma mensagem no Instagram.

Eu não queria lê-la.

Eu não quero falar com ele, e eu não quero ouvir a voz de Sina.

Abri a sacola de presentes que havia comprado no aeroporto de Amsterdã. Encheu-me de uma grande felicidade, alinhei-os no chão e os contemplei encantada. Um deles era um relógio Lego para maiores de seis anos. Sina ficaria louco com isso. Outro era um S de madeira amarelo brilhante sendo segurado por um ursinho de pelúcia. Então havia uma adorável coelha de pelúcia chamada Miffy. Parecia ser um personagem muito popular em Amsterdã, não resisti à ideia de comprar mais de um presente com o mesmo personagem, então peguei também uma tapeçaria de madeira tridimensional da Miffy, e uma daquelas caixas de música de corda clássicas, decorada com outras pequenas Miffys. O livro, os tamancos de madeira holandeses — todos tinham imagens da Miffy.

Eu também comprei um conjunto de blocos que não era Lego, era um carinha em uma bicicleta suja. Se Sina fosse feito de blocos, ele seria parecido com esse pequeno personagem, pilotando sua moto elétrica vermelha.

Eu me animei enquanto tirava fotos dos presentes. Então eu fiz um vídeo meu tocando a caixa de música. Imaginei-me sentada com Sina, observando os dentes de metal, arrancando as pequenas saliências do cilindro enquanto dava voltas e voltas, contando a ele sobre esse instrumento simples e de onde vinha a música.

5

Gastei três libras em um jogo bobo que jogo no meu *iPad*. Tudo bem, pensei: vou considerar que comprei uma xícara de café. O jogo foi interrompido por uma batida na porta e pelo café da manhã vegetariano, já que eu havia me registrado para as refeições *halal*.

Guardei o *croissant* e os saquinhos de café e chá. Depois de experimentar as salsichas veganas, decidi deixar de lado o pequeno almoço vegetariano. Tudo bem, eu sei que não vou passar fome.

Pensei em escrever para você, talvez em enviar um pouco do que escrevi. Então eu fiquei um pouco assustada e hesitei. E se você estivesse ocupado? E se você não comentasse nada? E se você reagisse de forma conservadora? Talvez fosse melhor pedir seu *e-mail*. Dessa forma, eu poderia me poupar da preocupação, do constrangimento e dizer: Talvez ele não tenha lido sua caixa de mensagens. Talvez ele esteja ocupado.

Além disso, como eu poderia justificar por que entrei no Instagram e ignorei todas as outras mensagens na minha caixa de entrada, escrevendo apenas para você? Seria inapropriado e difícil de explicar, e eu odeio mentir.

6

Eu fiquei com vontade de me tocar. Nada estava me impedindo, exceto o fato que eu estou escrevendo isso, e eu tinha intenção de te enviar. Não tenho vergonha de escrever algo assim em uma história, mas é fácil se esconder em um livro, não é?

Meu desejo foi interrompido por um som que percebi que vinha do meu relógio. Meus telefones estavam no modo silencioso, mas eu tinha esquecido de silenciar meu relógio inteligente. Eu não queria responder ao meu marido. Por que ele estava me ligando com tanta urgência agora?

Ele não ligou nenhuma vez nos últimos dez dias, e agora estava ligando, embora eu tivesse dito que queria ficar sozinha. Eu me senti assim no momento que entrei em quarentena.

Pensei em escrever para ele: "Estou bem. Não há nada que eu possa usar aqui para me machucar. Só quero ficar sozinha", mas temia que ele fizesse alguma bobagem e notificasse a gerência do hotel. Porque então eles iriam começar a me rotular e me bombardear com todo tipo de perguntas irritantes.

Resolvi ficar quieta por enquanto.

7

Esta foi a melhor xícara de café que tomei durante todo o dia. Abri as cortinas e me sentei no parapeito da janela. Era estreito, mas largo o suficiente para eu sentar e descansar minha xícara de café ao meu lado. E enquanto eu estava digitando no meu *iPad*, o sol — finalmente — emergiu das nuvens e da chuva. Observei a rotatória, o círculo de carros e pedestres, e comecei a descobrir onde estava. Era a última rotatória quando se dirigia em direção ao aeroporto, depois virava para a autoestrada.

Eu me esforcei para ter coragem e escrevi uma resposta muito breve a *e-mails* de trabalho urgentes que não podia ignorar.

Observei a pega voando de um lado para o outro no estacionamento vazio que fazia parte da vista da minha janela.

Já te disse que odeio esse pássaro? Apesar de ter gostado muito da primeira vez que o vi. Ele me deslumbrou com sua impressionante coloração em preto e branco, mas naquela época eu realmente não sabia a verdade sobre isso.

Sina adora pássaros. Ele sonha em ter um falcão um dia e quer treiná-lo para caçar. Eu até comprei para ele uma isca em forma de pombo em uma loja de equipamentos de falcoaria em Dubai.

Já te disse que dói cada vez que saio dos Emirados? E que dói toda vez que eu volto?

8

Eu me toquei. Eu me toquei quatro vezes. Não foi o suficiente, mas tudo bem.

Não sei o quanto vou deletar do que escrevi e o quanto vou editar. Envio tudo de uma vez ou devo enviar uma seção e esperar que você digite algo na tela? Dói-me conversar por *e-mail*, mas parece uma ideia segura por enquanto. É fácil para as pessoas lerem você enquanto sorriem ou se envergonham diante de suas telas. É fácil para os outros julgarem você.

9

Houve uma batida na porta ao meio-dia e meio. Eu estava tentando voltar a dormir, então não a abri. Eu esqueci sobre isto. Senti tesão novamente, mas me distraí com a necessidade de responder alguns *e-mails* de trabalho.

Tive crises de choro. Resisti a elas em silêncio, cedi em silêncio, e uma hora depois me levantei e abri a porta. Demorei um pouco enquanto arrastava para dentro o saco de papel. Foi um saco branco desta vez. Um só. Percebi que os sacos de comida haviam desaparecido da frente dos quartos à minha frente. Havia sacos de toalhas novas. Essas pessoas iriam embora antes de mim? Quando eu receberia toalhas novas?

    Lembrei-me de que, no espelho do banheiro, havia um adesivo de código QR que eu poderia usar para perguntar sobre o serviço de limpeza do quarto.

    Não olhei dentro do saco. Coloquei na prateleira embaixo da TV e me sentei na cama.

    Estudei o número do quarto escrito nele — 408. Quando somei os números, lembrei-me do conto de Ghassan Kanafani, "A Morte da Cama Número 12". Como uma pessoa pode se transformar em um número assim que morre?

    Eu brinquei com a ideia de fazer um jogo que envolvesse dez tentativas de suicídio. Não posso pular pela janela; é apenas uma única placa de vidro que não pode ser aberta, e de qualquer forma eu estava no quarto andar. Não havia nada no teto para pendurar. Nada ao redor, exceto o espelho do banheiro. Eu poderia usar meus sapatos de salto alto para quebrá-lo e depois escolher um fragmento afiado para cortar meu pulso. Mas a segurança poderia ouvir o som de vidro se quebrando, eles poderiam me salvar antes que eu morresse. Então eu pagaria o preço pelo resto da minha vida. Poderia perder a permissão e não conseguir deixar o cativeiro por meses. Poderia perder minha residência. Eles poderiam levar meu filho. Não era uma maneira segura de cometer suicídio — viver o resto de sua vida como um suicida.

Pensei, de novo, na forca. Considerei o armário, mas a haste não era alta o suficiente para me pendurar.

Parei de pensar nesse jogo e resolvi abrir o saco de papel.

10

À uma e meia da tarde, um alarme de incêndio disparou, alto e aterrorizante, acompanhado por uma luz brilhante piscando. Ele continuou por vinte segundos, então parou. Ouvi o som de passos apressados do lado de fora. Talvez alguém tenha acendido um cigarro no quarto, embora fosse proibido fumar. Se alguém quiser fumar, terá que ligar para o balcão de informações e solicitar uma equipe de segurança para escoltá-lo para fora da área de fumantes.

Essas regras e regulamentos enfureceram um dos hóspedes do hotel que foi apanhado comigo no aeroporto ontem. Eles não permitiram que ele fumasse enquanto esperávamos que nossos quartos fossem preparados. Ele amaldiçoou e xingou. Fiquei espantada com o paradoxo no comportamento das pessoas aqui, como alguns podem ser tão desrespeitosos com a segurança e os funcionários. Isso me lembrou de um incidente com um dos funcionários da editora na feira do livro. Ele esqueceu seu crachá e ignorou a recepcionista no portão da feira do livro, indo direto para seu estande. Como resultado, ele foi detido por várias horas em um escritório de segurança, onde foi ameaçado de expulsão e mantido fora até o final da feira do livro. Eles pegaram sua identidade e escreveram seu nome.

Imagine se ele tivesse falado palavrões? Eu sorri... e suspirei.

Ao contrário do que eu esperava, desta vez o conteúdo da bolsa foi bastante agradável. Quanto aos petiscos, havia um pacote de batatas fritas, uma famosa barra de *wafer* de chocolate da marca escocesa Tonic, uma xícara pequena de salada de macarrão, uma tangerina, duas metades de um sanduíche de ovo e suco de laranja. Me animei um pouco e voltei a brincar com os presentes de Sina. Li a história e escutei a caixa de música.

Pensei em pedir ao meu marido que enviasse meus livros pelo correio. Eu poderia pegá-los no dia seguinte ou talvez no próximo. Mas eu estava com medo de que eles não os deixassem entrar. Eu não sabia. Eu sentia que seria uma decepção se não funcionasse, mas ainda assim valia a pena tentar.

11

Fiz um voto de silêncio. Eu sei, parece ridículo, já que não há ninguém para conversar. Talvez fosse por isso que eu não estava atendendo ligações de familiares e amigos. Parecia bom para mim, e era meu direito.

12

Por que você não me escreve? Por que você não escreve sobre mim? Por que você ignora meu impulso de me aproximar de você? Você está com medo? O que aconteceu com seus corvos e seus quartos fechados? Você está preocupado em que eles se voltem contra você? Você tem medo de perder o controle sobre algum personagem excêntrico que veio escrever para você?

De qualquer forma, nesses dez dias, tudo pode acontecer. É fácil para qualquer um perder a cabeça em dez dias. Lembrei-me da história de Zakaria Tamer, "Tigres no Décimo Dia", quando voltei para o café da manhã vegetariano do qual havia me enojado pela manhã. Um humano que foi domado pelo confinamento poderia aceitar qualquer coisa? Comi o feijão e os bolinhos de batata, e dei outra chance às salsichas vegetarianas. Mas não. Não valiam o esforço. Eu não estava com tanta fome — ainda não.

Lembrei-me de como minha mãe ficou surpresa quando nos serviram feijão no café da manhã na casa da minha sogra. "Feijão cozido em molho de tomate pela manhã???" Agora, a memória me faz sorrir.

Eu te disse que minha mãe morreu? Eu posso ouvir você dizendo: "Deus tenha misericórdia da alma dela".

Eu sei, é cruel. Tem gente que acha que a morte da mãe na velhice é fácil de lidar, não sei! Existe uma certa idade em que você deixa de se sentir órfão? A solidão está ligada às pessoas? E essa dor? Será que vai acabar?

Você acha que Naya vai sair comigo na próxima vez que eu visitar os Emirados? Eu tinha pensado em insistir e oferecer-lhe tentações. Mas eu estava preocupada que isso pudesse perturbar minha irmã. Afinal, ela é sua mãe, e eu sou sua tia...

―――― 13 ――――

Um dia, eu vou te levar para a floresta. Você vai gostar. Temos duas pequenas florestas perto de nossa casa. Temos um lago, uma casinha de verão para churrascos e uma quadra de tênis que precisa ser reformada. Temos um pequeno rio, ou talvez eu deva chamá-lo de riacho?

Um dia, o irmão do jardineiro veio ao nosso jardim com equipamento de caça ao tesouro e detector de metais e pediu nossa permissão para cavar próximo ao riacho. Sina e meu marido ficaram entusiasmados com a ideia. Encontraram moedas de prata e cartuchos de balas do tipo usado para fazer barulho e assustar os animais que perturbam as flores e os arbustos. Eles encontraram um anel de metal, o jardineiro e seu irmão tinham certeza de que as mulheres costumavam usar esses anéis sob os vestidos para impedi-los de voar — elas amarravam os anéis nas meias. Eu adorava imaginar que uma mulher encantadora morava aqui, e que uma noite ela escapou do castelo e encontrou seu amante perto do riacho, e lá ela abandonou aqueles anéis de metal odiosos.

Eu me pergunto: algum dia andarei com você na floresta? E o que você e eu vamos deixar no riacho?

14

Pensei em seduzir um dos outros presos em cativeiro. Poderíamos fazer sexo por telefone. A ideia parecia *sexy* e excitante, mas a abandonei rapidamente por motivos que não entendi muito bem.

Eu te disse que eles não nos deram cartões de quarto? Quando chegou a minha vez de pegar meu quarto, o funcionário do hotel chamou o porteiro pelo *walkie-talkie*.

"408 está a caminho."

— Essas são suas malas?

— Sim.

— *Ok*, escolte-a para o 408. Você pode andar no mesmo elevador.

No quarto andar, havia dois seguranças, um deles com o *walkie-talkie*: "408 está aqui, 408 está aqui."

— Espere aqui um pouco, por favor. Você pode ir agora. Nós cuidaremos das malas daqui.

O corredor era longo e estreito, como sempre eram em hotéis ao redor de aeroportos. Havia uma quantidade enorme de sacos de papel, cada um com o número dos quartos.

Senti um nó na garganta, desejei ter demorado para sair do avião. Desejei que a fila no controle de passaportes tivesse sido mais longa e movimentada.

Eu te disse que eles me mandaram um segurança de escolta assim que eu carimbei meu passaporte? Ele me levou para um canto isolado perto do carrossel de bagagens para que eu não tivesse contato com outros passageiros. Depois saí por um portão que passava por um corredor vazio até chegar à fila do balcão de isolamento.

Os procedimentos duraram cerca de 40 minutos. Havia dois homens e eu. Um deles era aquele fumante mal-humorado e amaldiçoado, o outro era bem alto e embaraçosamente barulhento. Pelo menos ele era engraçado, embora eu o considerasse um idiota. Ele contou aos funcionários da recepção e ao cara mal-humorado a história de seus dois colegas ingleses que estiveram com ele no mesmo voo de Abu Dhabi para Amsterdã. Eles haviam tomado o voo de conexão para o Reino Unido, os dois ingleses haviam desembarcado em Londres naquela manhã. Um deles conseguiu chegar em casa sem precisar ficar em quarentena, o outro foi sinalizado como vindo de um país da lista vermelha e teve que ficar em quarentena. Quanto ao cara alto e barulhento, ele não teve chance de pular a quarentena do hotel, já que os procedimentos são muito mais rigorosos na Escócia.

15

Nós três fomos levados para um ônibus grande e elegante, como um ônibus de turismo. O motorista me ajudou a colocar as malas no compartimento de armazenamento e depois nos levou para o hotel de quarentena.

Durante a viagem de ônibus, pensei em como alguns britânicos podem ser podres. Aqueles dois homens tentaram distorcer as regras e pular a quarentena, e um deles conseguiu se safar!

Lembrei-me das elegantes famílias britânicas de classe alta que viviam em complexos elegantes perto dos clubes e do Corniche em Abu Dhabi. Lembrei-me de como costumava olhar para eles quando criança — admirando suas roupas e a maneira calma e doce com que os pais tratavam seus filhos. Agora, eu me pergunto: quem são esses britânicos que estou vendo hoje?

16

Eu contei como o segurança colocou minha bagagem na porta e empurrou para mim, para que eu pudesse terminar de levá-las para dentro, evitando assim qualquer violação do distanciamento social entre nós?

Eu lhe disse que ele olhou para mim com uma simpatia genuína quando perguntei a ele, com espanto:

— Não vou pegar a chave do quarto?

— Não, senhora, infelizmente não.

— Você vai me trancar?!

— Não, senhora! A senhora pode abrir a porta, mas como sabe...

— Eu não posso sair. Eu sei.

— A senhora pode pedir para sair para fumar.

— Eu não fumo.

— A senhora pode pedir para sair para tomar ar fresco, e nós providenciaremos isso para a senhora.

— Posso sair para chorar?

Ele deu um sorriso educado e simpático por trás da máscara e fechou a porta.

É estranho como podemos ler sorrisos, simpatia, tristeza, raiva e ameaças, mesmo quando estão por trás de máscaras. Tudo está lá. Tudo o que precisamos é ler os olhos e as contrações faciais por trás desse pedaço de proteção.

Por volta das cinco e meia da tarde, ouvi um *walkie-talkie* — mais ou menos na mesma hora em que cheguei aqui ontem. Devem ser novos presos. A voz no *walkie-talkie* pertencia a uma mulher. Lembrei-me de ver uma funcionária ontem, com o cabelo curto roxo cortado em um estilo mais masculino.

Esta manhã, acordei pensando em cortar meu cabelo. O que você acha?

Pensei em pedir uma tesoura à recepcionista, mas decidi que era melhor não. Eles poderiam recusar por medo de que eu possa usá-la para outra coisa.

Não é estranho ter medo de pedir qualquer coisa na quarentena? Se eu estivesse em qualquer outro hotel, não teria hesitado mil vezes antes de pedir qualquer coisa.

Pensei em ficar o dia inteiro no olho mágico da porta para ver quem passava por ela. Pensei em esperar até que o funcionário trouxesse as malas, então bateria na porta antes dele. Achei que seria engraçado, mas fiquei com medo... Fiquei com medo de que eles pudessem fazer uma reclamação, aumentando minhas chances de ficar aqui por mais tempo ainda. Eles poderiam me impedir de renovar meu visto se seus registros mostrassem que eu havia me comportado de maneira inadequada em relação a um dos funcionários da quarentena.

Desisti da ideia de assustar o funcionário, mas fiquei atrás do olho mágico da porta.

17

Agachei-me, nua, e contemplei o meu corpo com admiração. A água do chuveiro estava morna. Eu queria que fosse mais quente, mas estava tudo bem. Eu gostaria de poder mergulhar em uma banheira em vez de me encolher debaixo do chuveiro. Lembrei que tínhamos cinco delas, autênticas banheiras vitorianas, algumas delas no valor de milhares de libras, segundo um *designer* de interiores, um amigo que me ensinou o valor de preservar o elegante caráter vitoriano da casa. Eu a apreciei agora e entendi sua beleza.

Eu mencionei isso para você? Já faz um ano e meio que compramos nossa casa e começamos a reformá-la. Sim, logo no início da pandemia nos mudamos para esta casa. No entanto, não tomei banho em nenhuma de suas banheiras vitorianas, nem mesmo uma vez. Apenas Sina as usava. Ele nadou nelas, fingindo ser uma foca, um tubarão e um caranguejo; ele caçava golfinhos, baleias e tartarugas.

Fiquei debaixo do chuveiro por dez minutos. Imaginei-me nua sob uma cachoeira na Nova Zelândia. Eu fiz isso um dia, e eu até tenho uma foto para provar isso. Foram tantas as vezes que pedi ao meu marido para fazer sexo ao ar livre — era um dos meus pequenos desejos, numa lista bem curta, do tipo que guardamos no bolso imaginário, pensando: um dia realizar.

Mas nunca o fizemos — nem mesmo quando tínhamos nossa própria floresta e nosso próprio lago!

Você vai andar comigo na floresta um dia? Vamos juntos ao riacho? Vamos ficar embaixo da cachoeira?

18

Pensei em outra maneira de cometer suicídio que poderia funcionar — e se eu usasse o secador de cabelo? Eu poderia ligar o chuveiro e o secador de cabelo ao mesmo tempo, pular na água, me eletrocutar e morrer. Mas a tomada no banheiro era daquelas de segurança e de baixa voltagem que não daria energia a um secador de cabelo, enquanto as tomadas no quarto eram muito distantes para o secador alcançar o chuveiro. Eu poderia pedir uma extensão à recepcionista, mas achei que eles provavelmente recusariam, pois talvez já houvessem considerado essa possibilidade.

Bateram à porta. Eram quase seis horas, o que significava que, sem dúvida, devia ser hora do jantar. Ocorreu-me abrir a porta nua. Afinal, quem me veria? E daí se eles me vissem? Não havia lei a ser quebrada durante a quarentena. Além disso, eu poderia dizer que estava no chuveiro e abri a porta.

O terceiro dia

19

Abri a porta meia hora depois. O jantar foi agradável, comida indiana, e naturalmente fiquei com a opção vegetariana, mas estava tudo bem: grão-de-bico com molho verde. Lembro-me de comer algo semelhante uma vez em um restaurante tradicional no Sri Lanka.

Você sabia que eu sou mergulhadora?

Só consegui convencer meu marido a mergulhar no Sri Lanka. Eu disse a ele que eles tinham as praias de areia mais bonitas do mundo e que os melhores atletas de todo o mundo surfavam lá. Lembro-me de que ele trouxe um telefone via satélite, corda extra, luzes flutuantes de emergência e todo tipo de equipamento de resgate, caso as ondas nos levassem para o oceano. Bem, nada nos levou. Nós apenas apreciamos o mergulho, as frutas deliciosas e, em uma noite, uma experiência gastronômica.

Ouvi uma batida na porta do quarto ao meu lado, fiquei olhando pelo olho mágico da porta. Eu vi um guarda de segurança do lado de fora do quarto, bufando em sua máscara e mudando inquieto de um pé para outro. Quando a porta se abriu, ele virou para a direita e para a esquerda, seguido pelo movimento de outra pessoa. Devem ter pedido para sair para fumar. Pensei em escrever a que horas essa pessoa foi e quando voltou. Calculando quanto tempo eles levaram para fumar.

Também pensei em recolher as garrafas de água vazias e fazer algo com elas para Sina. Talvez uma réplica do Burj Khalifa? Eu poderia pedir fita para colar as garrafas. Certamente eles não recusariam — mas provavelmente não tinham nenhuma.

Pensei em pregar uma peça em um dos quartos adjacentes, mas hesitei. Talvez eu fizesse isso amanhã, ao meio-dia.

20

Eu escrevo para você...

Eu olho em seus olhos com um desejo que incendeia sua luxúria. Ouço o som das ondas, e a umidade morna do mar me envolve sem me perturbar; você se aproxima, nós tiramos as máscaras e você me beija. Sinto a areia da praia fazendo cócegas em meus pés... Suspiro, e você geme com um prazer que não consegue controlar. Eu te quero mais, e estendo a mão para sentir seu corpo, mas não consigo... estou confusa. Eu tento levantar suas vestes enquanto continuo a te beijar. Descubro que você está completamente liso embaixo de suas vestes, e você trava onde nos encostamos, seus pés afundam na areia enquanto você se transforma em uma tábua de madeira fina e brilhante, terminando em um rosto masculino que está em branco, sem feições, com um lenço na cabeça ondulado pela umidade do mar...

Eu caio no chão com medo, me rastejando para trás, meus olhos fixos em você, tentando parar aquele som enquanto eu ofego em pânico. Abro os olhos e alcanço a mão em direção à luz. Nada... Meus telefones estão desligados, assim como o relógio inteligente. Talvez seja um alarme de outro quarto. Oh! Ressentimento! Por que diabos alguém quer acordar às cinco da manhã?

21

Às sete e meia da manhã, bateram nas portas ao lado, como eu esperava, vindo em direção à minha porta, vou esperar... Não, vou pular para ver quem está batendo lá fora; talvez alguém tenha aberto a porta para pegar a sacola de comida. Eu vi o cara da segurança parado em frente ao meu quarto. Havia um homem empurrando um carrinho de lavanderia. Ele pegou as toalhas do quarto na minha frente. Elas não estavam em sacos. Pareciam ser toalhas usadas, cansei de ficar na ponta dos pés. Já te disse que sou baixinha?

22

Resolvi tomar o café da manhã na janela, vi algo pulando entre os arbustos, que alegria! Coelhos! Dois coelhos brincando no estacionamento. Eles devem ter escorregado por um buraco na cerca. Eles estavam comendo alguma coisa. Que cena linda! Miffy também parecia feliz. Eu te disse que a boca de Miffy é um X...? Talvez ela tenha feito um voto de silêncio também, ou talvez ela só possa chiar. Qual é o ponto de falar de qualquer maneira?

Você acha que os animais falam uns com os outros como nós, humanos? Ou eles emitem sons para fins de comunicação que são determinados por suas necessidades diárias?

Acho que eles não falam da maneira que podemos entender, pois a fala se origina como pensamentos dentro da sua cabeça, quer você os diga ou não... Como eu, agora: estou falando com você sem usar um único som. Falar tem algum valor se não for gravado, escrito, transcrito ou ouvido?

E você... Por que não me responde? O que te impede de falar?

23

Eu vi um pássaro gordo em uma gaiola quadrada com a porta aberta, e perguntei a mim mesma: Por que meu marido deixou a porta da gaiola aberta? O que é esse descaso? E se o pássaro escapar? Mas espere... desde quando deixamos pássaros em gaiolas? De onde veio esse pássaro? Ele parece faminto. O pássaro engole uma enorme pena horizontalmente antes de dizer com voz humana: *Estou com fome*. Entrei em pânico e virei para a esquerda. Era minha amiga, com quem eu havia trabalhado na escola há cerca de oito anos. Fiquei tão feliz quando a vi, e então me encolhi quando percebi que tinha esquecido as comemorações do Dia Nacional!

"Eu sou a chefe do departamento árabe! Como fui esquecer?! Oh, meu Deus! Falta apenas uma semana! As danças, os poemas, as festas, as músicas, os cozinheiros, os *designers* de hena, o incenso de *bukhoor*,[1] os doces *luqaimat* [2] e as decorações!"

"Não se preocupe! Não haverá eventos por causa da Covid. Só temos que pendurar este pôster na parede."

Tentei pendurar o pôster que ela me deu. Era a capa de um livro que eu havia escrito com um amigo, não tinha nada a ver com o Dia Nacional! Ficou grudado na minha mão. Tentei consertá-lo, mas ele desmoronou em si mesmo. Eu tentei endireitá-lo, e ele rasgou. Fiquei apavorada e acordei suando frio.

---

[1] Palavra árabe para lascas de madeira aromáticas (geralmente de Agar) e uma combinação de componentes tradicionais genuínos, embebidos em óleos perfumados e misturados com almíscar, óleos florais, sândalo, resinas e outros ingredientes naturais.

[2] Espécie de bolinho de massa doce árabe. Prato muito famoso que os emiradenses apreciam durante o Ramadã ou em outras épocas do ano.

24

Quando a batida veio por volta das dez e meia, eu estava tomando café da manhã: dois *croissants* de queijo, duas caixas de suco de laranja, uma caixa de uvas e um bolo. Percebi que a batida era diferente agora, e era hora das lancheiras. Fiquei atrás do olho mágico da porta, vi uma mulher vestida de enfermeira, usando uma máscara e um escudo no rosto.

Perguntei-lhe hesitante: Devo abrir a porta? Sem resposta...

Abri uma fresta da porta e olhei para ela. Ela disse, obviamente nervosa: É hora do teste! Use máscara, por favor!

Fechei a porta rapidamente e procurei a máscara que usei no avião. Onde eu coloquei? Uh, ao lado da pia. Coloquei a máscara e abri a porta.

A mulher parecia estar na casa dos sessenta anos, ou talvez mais velha, com cabelos grossos e brancos como a neve amarrados para trás em um rabo de cavalo curto. Não me lembro da cor dos olhos dela. Ela gaguejou mais de uma vez, prendeu a respiração, reuniu seus pensamentos e depois repetiu as instruções que eu tinha que seguir para fazer o teste de Covid corretamente. Por que ela estava tão nervosa? Foi tudo por causa da máscara?

Talvez ela não esperasse que uma mulher abrisse a porta... Ou ela não esperava que eu estivesse de pijama. Senti vergonha quando lembrei que ainda estava de pijama, mas o que mais eu poderia vestir? Não tenho outras roupas confortáveis. As roupas na minha mala são todas de trabalho, e eu tenho um par de *jeans*, outro par que é desconfortável e apertado e dois *croppeds* de manga curta.

Lembrei-me de que havia quebrado minha promessa e falado. Eu senti pena...

25

Aleluia! Por fim, vi os dois confinados nos quartos 407 e 409. Suas portas foram batidas ao meio-dia e meia. O primeiro era um africano que usava flanela branca e calção preto, de óculos redondos, que silenciosamente pegou a sacola e desapareceu atrás da porta. O segundo era um homem branco que parecia mais velho... Ele tinha uma barriga flácida, e os restos de seu cabelo branco e fofo cercavam uma careca brilhante. Ele estava vestindo uma camiseta vermelha e *shorts* cáqui, pegou a sacola e voltou para dentro com o mesmo silêncio, a mesma cara de desgosto.

Eu pensei: *o que será que tem na sacola?* Qual é a utilidade de escrever essas coisas? Se eu tivesse que escolher entre esses dois homens, sem dúvida escolheria o africano. Ele parecia mais limpo e em forma, e talvez agora estivesse lendo um livro, enquanto o outro parecia não ter parado de beber. Enquanto esperávamos nossa transferência do aeroporto para o hotel de quarentena, ouvi o homem mal-humorado dizendo a um amigo ao telefone que havia comprado duas garrafas de álcool. Também o ouvi mencionar algo sobre fazer compras na Asda e na Morrisons. Eles nos permitiriam fazer compras *on-line*?

Eu estava tão cansada e me senti tão mal no aeroporto que tirei meu suéter e o vesti mais de uma vez. Eu tinha medo de que qualquer sintoma me colocasse em um lugar que eu não queria estar. Mantive meu silêncio, e mantenho até hoje.

Depois de uma hora, lembrei-me de que ainda não havia pegado a sacola que haviam deixado na porta. Acho que já cansei da minha curiosidade, espionando os presos 407 e 409.

27

Pensei em esvaziar minha mala, coisa inútil de se fazer, mas de qualquer forma iria ajudar a passar o tempo.

Lavei os copos e limpei-os bem. Tentei limpar o banheiro, mas obviamente preciso de produtos. Eu pediria isso mais tarde, seguindo as instruções do código QR.

A ideia de desfazer as malas voltou, tirei minhas roupas e um brinquedo de pelúcia que usei para a exibição do meu estande. Eu sorri, Miffy tinha um amigo agora... um novo ursinho de pelúcia. Minhas roupas tinham um cheiro maravilhoso, tipo "Miss Dior", não sabia quem tinha me dado esse perfume. Meu marido? Era para minha mãe?... que deus a tenha.

Fiquei feliz quando deixei o frasco de perfume vazio no hotel. Eu estava esperando esvaziar, para aliviar as malas de pesos e lembranças...

Senti saudades quando senti o cheiro nas minhas roupas...

Resolvi lavar as duas camisas que poderia usar pelo quarto nos próximos dias. Eu poderia lavar meu pijama também e dormir uma noite nua...

Sacola Número 9:

Suco de cereja "Robina", salada de macarrão parafuso com molho de tomate, um saco de batatas fritas, dois sanduíches de frango halal com alface e maionese. Uma maçã vermelha, uma garrafa de água mineral e um chocolate KitKat.

Pensei em começar anotando o conteúdo das sacolas diárias. Todos os dias recebemos quatro refeições, umas em uma sacola e outras em duas: café da manhã, lanche, almoço e jantar. Na primeira noite, só consegui uma refeição. Chegou na hora do jantar. O estranho é que naquela noite me deram a oportunidade de escolher o meu jantar; talvez fosse uma maneira de dizer olá, e depois disso as coisas se tornaram automáticas, assim como na primeira noite, quando abri a porta e agradeci...

Estranho... Como é fácil transformar humanos em máquinas!

Eu não lavei minhas roupas. Resolvi usar lenços umedecidos para engraxar os sapatos, começando pelo meu salto alto chique, aquele que pensei em usar para quebrar o vidro do espelho do banheiro. Fiquei impressionada com o quão limpo e brilhante o sapato ficou. Não pensei que seu fundo estivesse tão sujo, nem que tanta poeira se acumulasse entre as dobras do arco. Senti vergonha, mas me perdoei...

Achei que poderia polir as superfícies de madeira da mesa. Arrumei os brinquedos de Sina nas prateleiras embaixo da TV, elas pareciam bonitas e limpas. Eu estava com medo de que, se os deixasse na janela, eles pudessem desaparecer com os raios do sol. Deixei espaço suficiente nas prateleiras para esvaziar o conteúdo das sacolas sem precisar retirar os brinquedos. Arrumei garrafas de água vazias em uma borda plana na parte de trás do sofá.

O quarto de hotel começou a parecer um espaço ocupado por um humano...

30

Sorri quando meu *smartwatch* me disse: Muito bem, você passou trinta segundos lavando as mãos. Pelo menos, agora eu sei que levo trinta segundos para limpar um sapato.

Minha irmã escreveu: Você está bem?

Eu não respondi. Lembrei-me de que meu marido havia mudado de ligações constantes para um desaparecimento completo, também lembrei da nossa discussão amarga no primeiro dia do Eid, cerca de uma semana antes da minha partida, quando ele me disse que não dormiu comigo porque eu sou chata, ou eu o deixo entediado, ele disse muitas outras coisas; ele disse que eu precisava ter amigos, e que eu precisava ter meu próprio espaço longe dele, e que ele precisava de seu próprio espaço longe de mim. Ele disse que não suporta como o trabalho me deixa irritada e tensa, e que não pode lidar comigo enquanto estou assim.

Ele se recusou a ir a um conselheiro familiar, ou a pedir ajuda à mãe, e disse que eu deveria rever meu comportamento e mostrar um desejo crível de mudar e consertar o relacionamento entre nós.

Lembro-me de que disse coisas patéticas e miseráveis, e lembro que comecei a chorar, e lembro que ele me abraçou e disse que me amava, e prometeu que ficaríamos bem depois de um tempo. Quando a pandemia acabar...

Lembro-me também de que, a partir daquele dia, decidi encontrar outra pessoa para conversar, para que pudesse preservar minha bela imagem tranquila em seus olhos. Eu não diria nada a não ser sobre o sucesso da feira do livro, da generosidade da doação, das fotos que tirei durante a sessão de autógrafos. Falaria sobre as flores deslumbrantes que recebi de Maryan, e não iria falar que sinto falta do sexo ou que o desejo mesmo quando estou longe dele, mas quando chegar em casa vou preparar a banheira vitoriana rodeada de velas, queimarei incenso de bukhoor e direi a ele que o amo e que quero tocá-lo...

31

Você já se perguntou como uma mulher livre se torna uma escrava?

Quando você começa a ter medo... O medo, meu belo mestre, é o que controla os humanos, transformando pessoas livres em escravas e sonhos em pesadelos proibidos. Medo por si só é medo, meu mestre, que derrota as nações e lhes tira a dignidade.

32

Comecei a recolher as telas das caixas de papelão dos doces. Cada uma delas tinha uma janelinha de plástico que revelava o conteúdo da caixa, achei que pareciam janelas pequenas e bonitas. Desejei ter trazido as cores e os livros para colorir que comprei em Dubai, para o Festival do Livro de Edimburgo. Devo pedir ao meu marido para enviá-los? Talvez eu faça isso amanhã.

O telefone do meu quarto tocou por volta das três da tarde. Eu me encolhi, excessivamente, embora talvez isso fosse normal com o isolamento. Eles me perguntaram sobre a minha escolha de almoço no menu, e eu respondi que não tinha recebido um menu.

— Fazia parte do pacote de boas-vindas que você recebeu na sua chegada.

— Não sei, não me lembro de ter recebido, mas vou dar uma olhada nos papéis.

— Tudo bem. Vou ler o menu para você.

Não me lembro exatamente o que escolhi. Mas, após a ligação, fui até a mesa conectada à prateleira embaixo da TV. Era uma extensão da prateleira e se alongava em uma mesa grande o suficiente para ser usada como uma pequena escrivaninha. Lembrei-me da pilha de papéis grampeados ali. Na verdade, eu não tinha olhado para eles. Achei que eram mais instruções irritantes sobre não sair do quarto ou não quebrar as regras... Os cardápios estavam entre eles, como o jovem ao telefone havia sugerido.

Bem, então, terei que pedir desculpas. Existe um cardápio.

33

Já te disse que o meu vizinho do quarto 407 era um africano de flanela branca e calções pretos? Bem, desta vez ele estava apenas vestindo uma flanela, e ele rapidamente se inclinou e pegou a caixinha, hmmm... Estranho! Sem sacolas desta vez. Meu vizinho do 409 seguiu. Quando ele abriu a porta, ele estava usando tênis com pequenas flores cor de rosa. Espere um segundo, isso é uma senhora, ha! Então eles estão trancados em um quarto! Pesadelo! Um pesadelo ficar trancado em quarentena com seu parceiro, que se afastou de você há muito tempo para se concentrar em seus *hobbies*, amigos e interesses.

Ela parecia miserável, como se estivesse implorando pela morte, ou talvez também estivesse bêbada. Seu cabelo era fino e muito curto. Ela parecia ser da mesma geração que seu marido, ou talvez um pouco mais jovem, e definitivamente menos gorda!

Imagine se tivéssemos que ficar em quarentena juntos, você e eu, em um quarto.

34

Abri a caixa e recortei sua tela. Dentro, havia um *muffin* de amora. Eu não tinha vontade de comer. Eu tinha acabado de comer algumas uvas enquanto caminhava para cima e para baixo pela sala. Olhei pela janela — parece que o tempo estava prestes a mudar. As árvores balançavam visivelmente. Olhei para as três telas que havia coletado das caixas e sorri: esse foi um bom começo para as janelas das casas de bonecas? Ou talvez um ônibus escolar ou um trem?

35

Esta noite, senti uma estranha dor nos pés e nas pernas. Senti um calor correndo em minhas veias como a dor que costumava sentir nos pés depois de longas horas de caminhada. É estranho sentir essa dor agora, quando mal me mexo. Achei que poderia tentar andar pela sala, talvez isso ajudasse. Eu pensei em colocar o contador de passos no meu relógio para me encorajar..., mas eu não queria me mexer. Fiquei imóvel, na cama.

O quarto dia

36

A batida na porta veio às sete e vinte. Eu me levantei, assustada. Eu tinha adormecido sem perceber ontem, não tenho certeza quando, mas lembro de ver a luz do sol desaparecer. Já te disse que, no verão, o sol não se põe antes das dez da noite? Acordei com o sol do lado de fora da janela às quatro horas, fechei as cortinas e voltei a dormir. Talvez isso justificasse minha grande consternação quando bateram na porta esta manhã.

Por que eles fizeram isso? Por que bateram na porta? Por que não deixar as coisas na porta? Talvez por que fosse comida e pudesse estragar? Por que não nos perguntaram a que horas queríamos comer? Talvez por que éramos muitos e eles não seriam capazes de lidar com isso? Mas pelo menos eles poderiam nos perguntar sobre o café da manhã, se gostaríamos que fosse tão cedo.

Quando abri a porta, encontrei um saco de toalhas limpas, outro saco cheio de papel higiênico pendurado na maçaneta da porta e duas sacolas de comida. O segurança entrou em pânico quando abri a porta. Ele estava aparentemente andando de um lado para o outro. Ele congelou e esperou até eu tirar tudo e desaparecer. Pedi desculpas, mas ele não respondeu.

Talvez essa atmosfera de segurança estrita seja o que aprofunde o sentimento de aprisionamento e cativeiro. Eles não confiam em nós, têm medo de nós, estamos contaminados.

Lembrei-me do teste PCR do *kit* caseiro que fiz ontem e como a enfermeira explicou: "Você encontrará as instruções dentro de uma caixa de papelão que parece uma caixa de *pizza*".

Imediatamente imaginei o pedaço de papelão como um círculo e pensei: Este envelope não parece ter nada redondo, como pode a caixa parecer uma caixa de *pizza*?

Então sorri da minha tolice quando abri o envelope. Desde quando *pizza* vem em caixas redondas, sua idiota? Abandonei todas as instruções e comecei a montar a caixa com entusiasmo. Quando eu sair daqui, vou comprar *pizza* e desmontar a caixa, e depois verei como ela se parece com a que tenho agora.

Usei o código QR no espelho do banheiro. A página a que fui direcionada falava sobre os produtos de limpeza usados pelo hotel, as medidas de precaução tomadas na esterilização do local, seus parceiros de negócios e outras bobagens que me provocaram. Tudo o que eu queria era trocar os sacos de lixo e pegar uma escova para limpar o banheiro!

Reli a etiqueta no espelho. Ah. Então esse código era apenas para identificar os serviços disponíveis, e se eu precisasse de alguma coisa com limpeza, tinha que chamar a portaria. Por que não entendi as coisas da primeira vez? Eu era estúpida? Foi a linguagem? Foi a idade? Foi o isolamento?

— Olá.

— Olá, preciso de ajuda com o lixo, por favor.

— Sim, claro, você pode usar os sacos que deixamos para você com o papel higiênico para esvaziar o lixo. Em seguida, deixe-o do lado de fora da porta do seu quarto.

— Apenas... deixe na porta?

— Sim, exatamente.

— Posso ter uma escova de privada, por favor?

— Hmmm, eu realmente não sei se isso é possível. Temos um número muito limitado delas.

— Eu entendo, mas é difícil limpar uma privada sem a escova.

— Sim, eu sei. Hmmm, vou fazer o meu melhor e ver o que posso fazer.

Duas horas depois, alguém bateu na porta. Fiquei surpresa, já que não era hora do lanche ou do almoço. Essa batida foi diferente. Era o resultado do teste? Eu tinha feito alguma coisa?

Havia um segurança com um colete fluorescente amarelo. De trás da porta, perguntei: Devo abrir a porta? Ele não respondeu..., mas então ele mesmo abriu a porta! Fiquei apavorada e disse nervosamente, como se estivesse nua: Espera!! Eu não estou usando minha máscara.

Enquanto procurava minha máscara nervosamente, lembrei-me dos gritos de um homem falando inglês com sotaque árabe; um dos trabalhadores de um hotel em que fiquei com meu filho em Dubai há cerca de um mês. Ele gritou histericamente porque um funcionário abriu a porta de seu quarto sem permissão, mesmo que o funcionário tenha batido na porta e dito a frase de sempre: "Serviço de quarto!"

O homem gritou por cerca de vinte minutos, então o supervisor responsável veio, e ele também teve sua cota de gritos por mais quinze minutos, quando tudo o que esse homem teve que fazer foi deixar o sinal de "por favor, não perturbe" na maçaneta da porta!

Fiquei com pena do funcionário naquele dia. Ele estava tremendo quando veio limpar meu quarto, dei-lhe dez dirhams para facilitar as coisas para ele. Eu me odiava por ter trocado sua dignidade por dez dirhams, mas... o que eu poderia fazer? Eu disse a ele: vou testemunhar que ele abusou de você, se isso ajudar.

Submisso, ele apertou os dez dirhams e disse: Obrigado, senhora. Senti que ele também estava me dizendo: *Ele* abusou de mim? Se você soubesse como vou ser espancado verbalmente pelo meu chefe em algumas horas.

Finalmente, encontrei a máscara. Estava na minha frente o tempo todo, e depois de toda essa tensão feia! O segurança havia fechado a porta quando me ouviu pedindo que esperasse. Fiquei na frente dele rigidamente, esperando por instruções enquanto enfiava minha cabeça, idiotamente, pela porta parcialmente aberta. Ele pareceu confuso e disse: Vamos sair.

Eu disse nervosamente:

— Para onde?

— Você não pediu para sair?

— Não! Nunca! Eu não quero sair.

— Você ligou para a recepção?

— Sim, mas eu só queria me livrar do lixo. Olhei para as sacolas como prova de minha inocência, que eu havia colocado aqui do lado de fora da porta, conforme as instruções.

— Hmmm... Bem, está tudo bem.

Fechei a porta e rapidamente voltei para escrever para você. Preciso pedir sua ajuda. Houve outra batida na porta, antes que eu pudesse recuperar o fôlego; desta vez, vi uma enfermeira lá fora, meu Deus! Os resultados do teste! Foi positivo? Foi por isso que o enviaram. Coloquei minha máscara e abri apreensivamente.

— Olá, você fez o teste?

— Sim, ontem.

— Conseguiu o resultado?

— Não, não veio. Na verdade, ainda não verifiquei meu *e-mail*.

— Você pode verificar e me avisar, por favor?

Como eu pude esquecer de verificar meu *e-mail*? Eu não dormi ontem porque eu estava tão preocupada que o resultado seria positivo.

Devo confessar a você? Nunca me preocupei com a possibilidade de ter a doença, mas estremeci ao pensar em um resultado positivo. Isso parece contraditório?

Eu teria aceitado a doença, mas não podia aceitar um resultado positivo que pudesse ser falso, que me esmagasse diante de leis e procedimentos mais severos que a própria doença. Uma vez que começa, você nunca pode prever quando terminará! É só uma questão de sorte!

Abri a porta segurando o *laptop* e a tela exibiu minha inocência. Ele leu o resultado na tela, me agradeceu e foi. Posso relaxar por alguns dias antes do próximo teste.

38

Uma amiga leal e muito próxima me machucou hoje. Ela mandou uma mensagem, perguntando: Como você está e como está sendo a quarentena?

Respondi que ainda estava lúcida, mas me retirando das conversas. Escrevendo...

A resposta dela veio como um tapa: aproveite seu tempo livre e faça algo útil. Olhe para isso de uma forma positiva.

Mandei um *emoji* de beijo para ela, suspirei, balancei a cabeça, sorrindo por dentro. E eu agradeci a Deus...

39

Eu lhe disse antes que tinha parado de falar com meu marido e meu filho. Não consigo ouvir a voz de Sina. Não suporto suas perguntas doces e inocentes. Não consigo ver seu lindo rosto que irradia boa aparência, mansidão, descaramento e muitas outras coisas que eu não sabia que poderiam estar no rosto de uma criança, e que aquela criança maravilhosa fosse meu filho! MEU PRÓPRIO FILHO! Tanto biologicamente quanto emocionalmente!

Você pode imaginar isso! Eu sou mãe! Mãe biológica desse menino maravilhoso e deslumbrante!

Digo isso porque talvez ainda esteja convencida de que sou mãe de Naya e Layal, e porque estou convencida de que a maternidade biológica é uma bênção absoluta, uma fortuna, um presente ilusório e supersticioso, e não podemos fazer nada além de nos orgulhar disso. Todas essas mulheres que provaram as agulhas, as manchas azuis na pele, o inchaço e a ulceração, a espera e o fracasso, as tentativas de novo — de novo e de novo —, as línguas sucessivas que picaram com orações ou regozijo, todos esses meses e anos, todo o dinheiro, todas as súplicas aos pés de um homem para fornecer uma amostra ao médico, toda aquela dor de estar nos banheiros de hospitais e clínicas, apenas para fazer um homem agitar um líquido em um tubo, para que talvez um dia termine... Toda essa esperança... Toda essa solidão. Então vem um não, não foi desta vez. Tente novamente?!

Você sabia que toda mulher tem doze chances por ano de se tornar mãe? Você sabia que isso significa que, entre os trinta e cinco e os quarenta e cinco anos, ela tem cento e vinte chances nesses últimos dez anos da janela da maternidade?

Isso também significa que as mulheres que construíram suas carreiras jogaram cento e vinte oportunidades de ouro da janela da maternidade entre vinte e cinco e trinta e cinco anos?

Ah. Se ao menos minha mãe gostasse de matemática e números, eu a entenderia melhor.

Mas quem sou eu para suspirar agora sobre as 120 chances de ouro. Eu tenho Sina! Que fortuna!

40

Eu lhe contei sobre minha colega Lama?

A notícia de sua morte me atingiu como um raio.

Ela me atingiu como a traição de uma flecha envenenada atingindo um dedo do pé nu.

Como uma migalha de pão contaminada dada a um paciente que está morrendo de fome.

Nós nos encontramos apenas uma ou duas vezes nos dois anos antes de sua morte.

Provavelmente em uma das reuniões ministeriais sobre o programa "Eu amo árabe"; já não me lembro.

Mas lembro-me daquele dia em que ela me mostrou os braços pálidos, comidos por queimaduras e feridas. Ela tinha vinte e três ou vinte e cinco anos quando se casou, passou por cerca de vinte operações de fertilização *in vitro* em seus quinze anos de casamento. Ela podia viajar para a operação uma vez por ano, durante as férias de verão dos professores, ou melhor, podia fazê-lo com o bônus de verão dos professores, quando se tornou impossível arcar com as despesas de fertilização *in vitro* nos Emirados.

Já te disse que gosto de números? Você calculou quantas chances Lama tinha de ser mãe biológica?

Ela morreu com quarenta e poucos anos, e seu marido colocou um *post* cheio de dor em sua página do Facebook:

"Hoje, minha jovem esposa faleceu, após uma amarga luta contra a doença."

41

Às onze e meia, peguei meus livros. Fiquei assustada, mas não entrei em pânico. Eu sabia desde o primeiro momento que tinha que abrir a porta com uma máscara, pois desta vez eles não deixariam as sacolas na porta. O segurança magricela apontou para um envelope no chão:

— Você tem um pacote.

Eu me animei e imediatamente o puxei entre meus livros, que estavam espalhados pelo chão. Eu deveria ter esperado que eles abrissem para inspeção. Pedi desculpas pela bagunça e, agradecida, peguei meus livros.

42

Tive um ataque de choro silencioso. Apenas lágrimas caíram, como os rastros silenciosos de uma chuva torrencial que havia parado de cair.

Relaxei um pouco e pensei em fazer uma terceira xícara de café da manhã. Ler algo.

43

Uma batida veio. Foram os habituais quatro golpes rápidos em dois pares sucessivos: toc-toc... toc-toc. Eu pulei para ver quem abriria a porta primeiro, e o preso africano do quarto 407 abriu. Ele parecia melhor desta vez, em uma camiseta cinza-clara e calças pretas largas. Desta vez, com certeza, ele estava vestindo calças. Achei que deveria desistir do meu pijama. E se ele estivesse me espiando também? Eu não queria parecer uma mulher imunda e deprimida que nunca tomava banho ou trocava de roupa. Lembrei-me de que tinha lavado dois *tops* ontem. Eu usaria um deles e lavaria meu pijama. Tenho *leggings* que posso usar. Decidi que NÃO abriria mais a porta de pijama.

44

Não parece que vão me mandar uma escova de privada. Vou ter que usar o que está disponível. Eu cubro minha mão esquerda com uma das pequenas sacolas que eles colocam nos hotéis para descartar os absorventes femininos e pego uma pilha de papel higiênico. Coloquei minha mão no vaso sanitário e, com nojo, comecei a esfregar.

Achei que seria ainda mais nojento deixar o banheiro sujo e ainda usá-lo. Lembrei-me da minha amiga positiva e imaginei o que aconteceria com ela se tivesse que fazer isso. Eu sorri até quase rir alto enquanto dava uma sacudida alegre na minha cabeça!

Também imaginei a reação do meu marido, se eu fosse reclamar. Ele dizia: está tudo bem, é normal, apenas vá com calma.

Eu te disse que me abstive de ligar para ele durante a quarentena?

Eu te disse que ele era um *sniper*?

Ele aprendeu a atirar com seu avô quando era um menino, dez anos ou talvez mais novo. Ele estava caçando veados na época. Depois que seu avô morreu, ele se juntou a um esquadrão militar aos dezesseis anos, mas logo o abandonou para trabalhar como *sniper* para algumas milícias. Ele fez uma enorme fortuna antes de voltar para fazer um trabalho que não tinha outro valor senão deixar uma ficha limpa na frente de seu nome profissional e de registros fiscais.

A visão de um cervo ainda o excita ferozmente. Se olharmos juntos para um cervo-macho vadiando orgulhosamente no jardim do lado de fora de nossa casa, parados juntos em frente à janela, é uma razão para ele se lembrar da minha presença ao seu lado e me desejar, e esse desejo é como uma pequena gota que rega uma flor murcha. Então ele se retira, refugiando-se em seu escritório, usando o trabalho ou a insônia como desculpa, deixando-me passar noites solitárias entre o desejo de acreditar que estamos bem e a esperança de um cervo perdido que possa despertar seu desejo por mim, pois, como ele diz, nada lhe falta, e ele é tremendamente viril. Ele confirmou isso em nossa última discussão enquanto eu soluçava, apontando para sua ereção. Mas o desejo está ligado ao seu desgosto por mim... Eu... Aquela com uma personalidade danificada.

Eu mencionei que eu o amo? E que estou sofrendo?

Pensei em flertar com alguém anônimo, talvez uma das pessoas que enviam *e-mails* de *marketing* para editoras depois que roubam seus *e-mails* do diretório da feira do livro. Pensei em mexer com alguém de um *e-mail* falso, mas fiquei com medo de ser exposta e colocada na lista negra. Eu tinha medo de ser abusada moral, profissional e até socialmente...

Eu pensei que há tantas coisas mal-humoradas, sexys, inocentes e maliciosas que eu poderia fazer.... Se não fosse o medo...

E você? Por que você está com tanto medo? Por que você não brinca um pouco comigo?

46

Recebi uma ligação de um número local que não reconheci. Eu respondi imediatamente. Eu estava com medo de que fosse uma ligação do NHS sobre um teste de Covid ou sobre a quarentena. A voz do interlocutor era a de um jovem com um sotaque inglês elegante e gracioso. Ele perguntou sobre "Nilya Nikki". Pensei: QUE NOME! Lindo!

— Desculpe, receio que você tenha digitado o número errado.

— Oh, eu realmente peço desculpas pelo inconveniente.

— Está bem!

— Tchau.

— Tchau.

Que matéria-prima era essa, pronta para ser adulterada! Um número local! E uma voz jovem! Mas e a Nilya? Hmmm... Não posso reivindicar nenhum nome que supere este: "Nilya Nikki" Oh, a música e a emoção!

Mas, espere, eu não acho que ele realmente conhece Nilya. Por que ele inicia a ligação perguntando se o número é dela ou não? Por que ele disse o nome completo dela? Ele não disse apenas: Nilya, querida, como vai?

Não há dúvida de que ele é um funcionário que promove um produto e inventa nomes. Ou talvez ele tenha digitado um número errado ao discar e tenha riscado muitos nomes das páginas amarelas. Salvei o número no meu telefone, chamando-o de "Nilya Nikki London England".

47

Chegou a minha refeição favorita do dia: o lanche.

Esse era a sacola número... Perdi a conta, mas não importa, pois eu agora tinha um saco de batatas fritas na mesma linda bolsa vermelha, com a foto de um marinheiro atrevido piscando para uma gaivota e oferecendo-lhe uma batata frita; suco de laranja; duas fatias de queijo e maionese; uma banana; uma garrafa de água; e uma salada de macarrão parafuso. E o melhor dos melhores: uma deliciosa Scottish Snowball.

Eu contemplei o saco de batatas fritas de novo quando eu estava prestes a abri-lo... A cara da gaivota com seu bico amarelo abominável atacou-me.

Você sabia que eu odeio gaivotas?

Uma vez eu amei um homem, loucamente, estava pronta para deixar o universo por ele, cruzar os mares e terrenos baldios e segui-lo, mas ele abandonou meu amor e se casou com uma garota chamada "Nawras"![3]

Já te disse que odeio pegas? Você sabia que uma pega é na verdade um corvo? Sim, é da mesma espécie, me apaixonei à primeira vista... Parecia charmoso, elegante e refinado com suas cores contrastantes, sua cauda preta longa e graciosa. Você sabia que a pega dá ouro e bugigangas para as meninas? Ele captura seus corações, depois os rouba e voa, oferecendo ouro e tesouros para uma nova garota.

Uma pega é um ladrão desprezível...

---

[3] Gaivota, em árabe.

49

Fiz minhas purificações e troquei meu pijama por uma camisa branca com uma seção recortada no peito e calças pretas apertadas. Passei delineador e rímel, fiquei mais bonita; depois rezei as orações do meio-dia e da tarde, encurtando-as e misturando-as. Não pensei em perguntar a um mufti se tinha permissão para isso ou não, pois a lógica dizia que eu ainda estava viajando.

50

Sabe como me tremi inteira quando me chamaram para sair? Quero dizer, fazer uma pausa para tomar um pouco de ar fresco? Tive medo de que, se me obrigassem a sair do quarto, iria enlouquecer, dizer coisas como: T..ar no c.! Que ar fresco é esse? Você está me levando para uma área pavimentada isolada em algum canto, perto da saída de incêndio ou talvez no telhado do prédio? Então você vai me observar de uma distância segura, perto o suficiente para me prender se eu me comportar mal e longe o suficiente para mantê-lo afastado de qualquer contaminação que eu possa carregar? Que tal você me ver fazer xixi, defecar ou tomar um banho? Você vai ticar itens em suas listas e colocar estrelas brilhantes em seus cadernos? Huh? É isso que você quer?

Tic: Ela respirou o ar fresco.

Tic: Ela comeu o café da manhã.

Tic: Ela fez o teste.

Tic: Ela trocou os lençóis... Tic, Tic, Tic...

51

Eu tenho que admitir, as coisas pioram com o tempo. Isso soa estranho? Você jejuou durante o Ramadã? Você sabe o quão difícil são os últimos dez dias? É por isso que presentes, portões do céu, recompensas e felicidade são estabelecidos para os 10 dias finais do Ramadã.

Algumas pessoas ingênuas pensam que a fome do indigente é semelhante à fome de um jejuador durante o Ramadã!

Alguns idiotas pensam que o isolamento no retiro de um escritor é como estar em um hotel de quarentena.

Aah! Como eu gostaria de esbofetear essas pessoas, prendê-las e reter sua comida.

52

Uma gaivota passou voando pela minha janela. Eu mostrei o dedo do meio para ela e continuei a mordiscar as batatas fritas. Não vou compartilhar nada com você, maldito pássaro! Apenas alguns dias, e eu estarei lá fora para cuspir na sua cara...

53

Vislumbrei um trem azul ao longe e, sentada no parapeito da janela, fiquei emocionada.

Quando eu sair daqui, pegarei o trem com Sina e vou fazer compras em Edimburgo, onde há uma grande loja de doces! Sina adora, tem tudo o que você possa imaginar, desde os velhos doces tradicionais até os que chamamos de "good days" nos Emirados, mesmo sendo britânicos-escoceses: os pirulitos redondos e achatados que você mergulha no pó açucarado. Eles têm os pirulitos em forma de chupeta, que fazem você parecer um bebê idiota quando você enfia na boca, há bastões de doces brancos e vermelhos, ou brancos e verdes, doces estourando, cordas de chiclete, pulseiras e colares de doces e muitos, muitos outros doces deliciosos amados por jovens e idosos.

Sim, vamos pegar esse trem e ir para a grande loja de doces em Edimburgo...

54

Pulei quando o telefone tocou. Lembrei-me de ter ouvido os toques se moverem sucessivamente de quarto em quarto antes de chegarem ao meu. Talvez eu soubesse sem perceber que minha vez chegaria, então não pulei muito, a voz do recepcionista era gentil. Ele foi paciente quando eu disse: "Desculpe, não olhei o menu de opções de comida", e esperou por mim até que eu o pegasse da mesa. Descobri, com ele, que hoje era quarta-feira, e eu estaria escolhendo o de quinta-feira. Não entendi a maioria dos nomes dos pratos escritos no cardápio, e não tive vergonha de admitir. Vislumbrei a palavra *homus* e a escolhi sem pensar; ele me explicou os outros nomes, talvez simplificando-os mais do que explicando, eu escolhi a refeição vegetariana quente e o café da manhã continental sem bacon.

Me senti calma... Sorri e desliguei o telefone. Pela primeira vez, lembrei-me que estava em um hotel...

55

Troquei os lençóis; eles estavam no fundo do saco que continha o jogo de cama limpo que recebi hoje. Me trouxe um bom sentimento. Embora geralmente deteste trocar os lençóis, gosto de desfrutar de uma cama com lençóis limpos por conta própria, sem aborrecimentos... Afinal, tarefas mesquinhas se tornam interessantes e valiosas isoladamente. Acho que ouvi um avião. Esta é a primeira vez que ouço um avião com tanta clareza, o que é estranho, já que estamos a minutos do aeroporto, embora tenham reduzido o tráfego aéreo a quase zero. Meu marido gostava de assistir os movimentos dos voos de um aplicativo em seu telefone. Ele me mostrava a tela e dizia com interesse: Olha! A única aeronave que decolou esta semana foi uma ambulância ou aeronave militar. Eu me irritava cada vez que ele me mostrava isso, e achava que ele era bobo de gostar de uma coisa dessas. Talvez fosse sua própria maneira de se aconchegar durante o *lockdown* e a solidão, olhe para mim agora, espiando pela porta sempre que sinto que um humano pode passar.

56

Vamos ficar bem depois de tudo isso? Chegará um dia em que apertaremos as mãos? Você vai me abraçar e escovar meu cabelo para trás? Ou acariciar minha orelha sem se preocupar que você possa derrubar minha máscara? Chegará um dia em que sentiremos o ar fresco livre do terror?

Hoje, li uma reportagem que afirmava que a pandemia tomou uma forma terrível no Vietnã, um híbrido das variantes britânica e indiana, espalhada pelo ar! Está totalmente fora de controle; essa notícia é real? Todo mundo mente? Onde estão os mortos e os cadáveres? Dizem que os incineradores funcionam sem parar na Índia — você pode imaginar o horror? Crematórios e cinzas grossas cobrindo o céu, os rios, os mares?

57

Quero rolar nua sozinha nas belas areias macias do deserto. Eu quero ser coberta por ela, imersa até que a terra me engula. Vou me sentir aquecida e segura. Vou adormecer ao som da areia formando novas dunas, lentamente, sobre o meu corpo...

58

Senhor da areia, dunas, céu e chuva...
Ó, fantasma da lua!
Você não está cansado desse silêncio e tormento?

Você ama o tédio?
Quem tem misericórdia do prisioneiro?
Quem tem misericórdia do estranho?
Quem tem pena?
Quem é solidário?
Quem entende a dor?
Você não vai responder? Por que você não responde?
Estou perdendo a esperança?

59

No quarto dia, perdi completamente o desejo por sexo. Isso é bom? Devo fazer uma pausa? Estou saciada?

Eu mencionei que fiz minhas orações e rezei hoje? Rezei algumas das orações que perdi devido a viagens e minha obsessão por seguir as regras do *lockdown*. Imagine que a direção da oração, a Qibla, fosse em direção à janela... Sabe, eu secretamente desejei que fosse naquela direção, quase beijei a bússola quando ela confirmou esse sentimento, exceto que era uma flecha na tela do meu *smartphone*. Se fosse uma bússola redonda de prata gravada com letras árabes, com um indicador giratório, eu a teria beijado e colocado debaixo do travesseiro. Eu não gosto de beijar coisas planas.

60

Eu posso ter dito a você que recebo o lembrete para a oração de um aplicativo no meu telefone, que funciona apenas intermitentemente, e seus horários são confusos e imprecisos. Eu baixei e deletei mais de uma vez, e não sei dizer por que funciona dessa maneira estranha. Tentei outros aplicativos, mas sem sucesso. Voltei para este, já que era o melhor de um lote ruim; em todo caso, cansei de ouvir a reprimenda de sempre: "Aquele que tem oração no coração não erra".

E eu admito, minhas orações são intermitentes, assim como minha felicidade, minha depressão, meu desejo por você e minha escrita para você.

Posso me livrar dessa intermitência um dia. Talvez eu me livre de você, ou você se livre de mim, talvez... Algum dia.

61

Eu te disse que meu tio planejou a morte dele? Não, não quero dizer que ele se suicidou. Quero dizer que ele sabia que ia morrer, então planejou sua morte.

Arrumou suas contas bancárias, vendeu suas terras, imóveis, participações na bolsa, depositou seu dinheiro em seu devido lugar, fechou suas contas no exterior e pagou seus impostos. Resumindo, ele organizou tudo, até mesmo seu funeral e enterro, os custos do funeral e assim por diante. Tudo o que você possa imaginar.

Você acredita nisso? Ele morreu pouco antes do *lockdown* da pandemia, quase um ano após a morte de minha mãe.

Ele fez uma operação no joelho há cinco anos e, quando fizeram os exames necessários antes de marcar a operação, descobriram que ele tinha um tumor maligno no estômago. Ele tinha mais de setenta e cinco anos então, ele pediu calmamente ao médico para lhe dar suas opções e suas melhores estimativas numéricas. Afinal, ele era um matemático. Ele havia sido ministro da Educação mais de uma vez; havia sido membro do Senado e portador da Medalha Honorária Real da Primeira Classe, mas tinha o maior orgulho de dizer que obteve um doutorado em Matemática e que amava a língua árabe.

Ele guardou esse segredo para si mesmo, decidindo que era melhor para ele viver os próximos cinco anos — sua chance máxima de vida — com dignidade, desfrutando de sua saúde, sua família e sua comida, em vez de lutar em guerras desconhecidas com esta doença em tal idade.

De fato, ele viveu por quase cinco anos antes que a doença o devorasse, fazendo isso em cerca de três meses, durante os quais ele se transformou em um fantasma, gemendo, esperando a misericórdia da morte...

Esse tio era o único amor da minha mãe. Ele era seu herói, seu pai, seu apoio e seu protetor. Ela morreu antes dele, e que misericórdia celestial!

62

Quando eu estava em escala, passando pelo aeroporto de Amsterdã, a máquina cilíndrica que rolou ao meu redor enquanto eu estava com as pernas bem abertas, as mãos sobre a cabeça como um homem se afogando desesperado pedindo ajuda, sinalizou três vezes seguidas que eu deveria ser revistada vigorosamente. A inspetora apertou meus seios várias vezes, apertou mesmo, não sei se foi pelo tipo de sutiã que eu estava usando ou porque o procedimento exigia.

Normalmente, eu uso esse tipo de sutiã enfeitado quando estou tentando seduzir meu marido, mas ele me disse francamente, durante nossa última briga na primeira manhã do Eid, que as roupas não significam nada para ele, que não são elas que o excitam. Ainda sinto um nó amargo na garganta toda vez que me lembro disso.

De qualquer maneira, esse fato não me impediu de usá-las, para mim mesma.

Depois que a mulher terminou de me revistar, eu disse a ela: "Minha mãe teria morrido se isso tivesse acontecido com ela!" Aparentemente, a mulher era de origem africana e respondeu com sincero apoio: "Minha mãe também. Ela não teria tolerado essa inspeção, mas não há nada a ser feito". Então ela disse, espontaneamente: "Onde está sua mãe?"

"Ela já está morta!"

As sobrancelhas da mulher se contraíram e eu me afastei depois que trocamos suspiros solidários.

Na verdade, eu queria dizer a ela que, se minha mãe tivesse que passar por uma busca tão minuciosa, minha cara, ao apalpá-la você teria descoberto uma pilha de trapos cuidadosamente arrumados no bolso esquerdo do peito, e Deus sabe o que você teria feito com isso. Você teria acreditado que eram apenas trapos usados por uma mulher à beira dos setenta para encobrir os efeitos de uma operação que lhe custou muito de sua dignidade? Embora, surpreendentemente, ela não tenha morrido por causa dessa temida doença.

Mas ela morreu mesmo assim e não testemunhou a pandemia. Talvez, assim, seja mais misericordioso...

63

As sacolas chegaram. Eles tinham um cheiro delicioso, como o cheiro de comida de verdade. Então, depois de olhar para o meu relógio, percebi que eram as sacolas do jantar, não do almoço, e lembrei que as refeições cozidas geralmente eram servidas aqui depois das seis, devido à natureza do horário de trabalho e aos horários em que as pessoas voltavam para casa. O almoço era o lanche e o jantar a principal refeição do dia. Talvez isso explique alguns dos problemas de obesidade dos britânicos.

Eu me arrependi de ter corrido para pegar as sacolas. Eu não estava com fome, deveria ter esperado meu vizinho africano abrir a porta. Então eu teria aberto minha porta ao mesmo tempo, e meus olhos teriam encontrado os dele. Eu poderia ter dado a ele um sorriso reservado, eu poderia ter acenado para ele, levemente, enquanto fechava a porta...

Tudo bem... Vou tentar amanhã...

64

Comecei um novo ritual ao abrir as sacolas de comida. Agora, organizava as coisas de acordo com suas cores em grupos, e depois tirava uma foto delas de cima. Talvez isso tenha sido inspirado por um amigo meu, que ilustra livros infantis. Ele colecionava coisas contrastantes e as colocava em grupos por cor. Acho que é um exercício para artistas: botões, tampas, recipientes vazios, canetas, cachimbos, folhas, flores secas, contas coloridas, elásticos, conchas e outras coisinhas. Achei que sachês de sal, pimenta, açúcar, chá, café, *ketchup* e pequenas cápsulas de leite eram perfeitos para tal exercício, e me alegrei enquanto tomava a sopa e arrumava os saquinhos.

Esta é a quarta vez hoje que a odiosa gaivota paira do lado de fora da minha janela...

Quando eu sair, vou me juntar ao clube de caça de que o jardineiro falou para meu marido, e vou atirar em uma maldita gaivota todos os dias.

Continuei tomando sopa de tomate e mordiscando pão de alho.

Observei os pedestres na rua enquanto mastigava frango ao *curry*, olhei atentamente para as janelas do prédio do outro lado do estacionamento, do qual estava separado por uma fileira de árvores e por uma rua que levava à rotatória. As janelas eram quadrados pretos. Parecia deserto. Pensei em ficar nua na janela com uma placa que dizia, em negrito: "Por favor, estou trancada aqui. Por favor, tire uma foto minha".

A ideia foi estragada por uma batida na porta, coloquei a máscara e abri. Era um segurança magricela com um rosto africano manso, ou talvez me refira aos olhos e à voz mansa. Ele apontou para o pequeno pacote no chão e disse: "Isto é para você".

Esquisito. Era da Boots, tinha o número do meu quarto. Li o nome no adesivo "Sameera Naz" e disse: Isso não é para mim. Ele se foi, eu ousei colocar minha cabeça para fora, olhando para a direita pela primeira vez. O corredor era maior do que eu podia ver, tão comprido que eu não conseguia ver o fim dele. Estava cheio de sacolas marrons dos dois lados. Parecia muito estreito, ou pelo menos se estreitava no final, até terminar com uma mancha negra de niilismo. Uma cena aterrorizante... Eu queria me esconder. Desejei não ter olhado. O segurança sentado do outro lado me notou e se levantou da cadeira, em alerta. Coloquei o pacote de volta no chão e disse com uma voz nervosa e confusa: Este é o número do meu quarto, mas não é meu nome. Então eu fechei a porta. Corri para desinfetar as mãos...

66

Quando me acalmei um pouco, lembrei que na frente da porta do meu vizinho do "410" havia muitas sacolas da Starbucks.

Espere um... Podemos pedir comida de fora? E podemos comprar na farmácia? O pacote de Sameera Naz estava lacrado com a etiqueta da farmácia.

Eu poderia pedir pílulas para dormir muito fortes na farmácia e engoli-las todas de uma vez! Mas... No rótulo, havia outras coisas, talvez o nome do remédio. Então talvez eles me pedissem uma receita. Não seria tão fácil quanto parecia.

67

Você acha que essa quarentena é menos difícil que a prisão?

Na verdade, não concordo com você... Aprisionamento no conceito de prisão é mais fácil do que esse confinamento solitário. Pelo menos eu teria comido com o resto dos prisioneiros, e teríamos compartilhado conversas e piadas sujas. Poderíamos estar xingando e brigando e desabafando nossa raiva, e eu poderia... talvez eu pudesse fazer sexo com uma prisioneira no banheiro, ou com um dos policiais lascivos e corruptos.

Talvez eu pudesse correr em segundo plano e fazer algum exercício, e talvez pudesse ouvir histórias interessantes e horríveis sobre crimes antes de dormir. Eu sou assombrada por pesadelos de qualquer maneira.

Mas você não ficará convencido e permanecerá em silêncio como de costume. Você procurará outro personagem para desempenhar o papel de herói para você, para apagar seu desamparo, sua opressão, seu medo de falar.

68

Eu te imploro! Não fique bravo comigo,
Não me abandone,
Não despreze minha raiva e minha dor,
Permita-me gritar na sua cara apenas uma vez,
Permita-me um pouco de dor,
Por favor! Permita que meu rosto se enrugue, meus olhos pisquem de raiva...
Permita-me rosnar em vez de suspirar...
Permita-me lamentar em vez de gemer...
Desejar a morte como eu desejo você...

69

No final do quarto dia, eu tinha usado um rolo inteiro de papel higiênico. Uau! Isso significa que eu consumo em média dois rolos por semana, o que significa que junto com meu marido e filho, consumimos seis rolos por semana, e se adicionarmos um extra para hóspedes e emergências, podemos dizer que provavelmente consumimos um rolo um dia. É muito papel higiênico. Não é à toa que os britânicos se assustaram e correram para comprar papel higiênico durante o primeiro *lockdown*! Eu ri miseravelmente — que farsa!

De qualquer forma, tenho rolos suficientes e agora sei que eles vão me dar rolos novos a cada quatro dias. Hmmm, ei, isso significa que meu vizinho do 407 está dois ou seis dias à minha frente...

Tive medo... Me encolhi... Senti-me só.

70

Verifiquei a hora e pensei: talvez eu devesse jantar antes que adormecesse de barriga vazia, então, em vez dos pesadelos, não teria uma boa noite de sono devido à fome.

Ainda não lavei meu pijama... não quero dormir nua, não esta noite...

Eu não conseguia dormir, então assisti a um tutorial em vídeo sobre como fazer corações de origami. Cortei um saco com uma faca de plástico. Tentei estimar quadrados e fiz cinco corações. Pensei no nome que daria a eles, ou como iria pintá-los e decorá-los quando recebesse minhas canetas no dia seguinte. Minha dor na perna voltou; superada pela minha dor nas costas. Fiquei surpresa com essas dores que nunca havia sentido antes, exceto quando eram por motivos óbvios, como trabalho, longas caminhadas ou minha menstruação. Foi a dor de me sentar na cama?

Vou nomear o primeiro coração de Sameera Naz, e o segundo de Nilya Niki, e vou esperar para obter os outros três nomes nos próximos dias...

Ocorreu-me que eu poderia pesquisar na internet por esses nomes. Não encontrei nada sobre Nilya, mas me surpreendi quando procurei por Sameera Naz...

Sameera Naz...

Você pode não acreditar nisso, então procure por si mesmo, se quiser. Sameera Naz, minha querida, é uma médica! Cirurgiã plástica, traficante e viciada!

É exatamente isso que você leu! Uma enorme quantidade de morfina, que ela havia coletado ao longo de quatro meses, foi apreendida em uma mala grande em sua casa, junto com agulhas e outras substâncias narcóticas, conseguidas através de receitas falsas para pacientes. Ela então guardou os remédios em uma mala em sua casa, distribuindo-os conforme lhe convém!

E aqui está ela, agora, prescrevendo remédios para si mesma!

Me senti orgulhosa e feliz! Ah, gente! Ei, pessoal! Estou presa aqui com Sameera Naz! Sameera Naz em carne e osso!

O quinto dia

72

Acordei às duas da manhã pingando de suor; não de um pesadelo desta vez, mas porque esqueci de ligar o ar-condicionado ontem à noite. Voltei a dormir assim que liguei. Acordei às cinco e quinze para escrever para você. Rezei o fajr [4] e vi coelhos correndo na pequena colina em frente à rotatória. Pensei em fazer uma xícara de café e comer algumas sobras do dia anterior. Na verdade, eu estava com fome e percebi que não tinha comido a maioria das coisas que eles nos deram ontem. Pensei em meu marido... e em seu silêncio doloroso.

---

[4] Uma das cinco orações obrigatórias, a ser realizada a qualquer momento a partir do amanhecer, mas não após o nascer do sol. Como um dia islâmico começa ao pôr do sol, a fajr é tecnicamente a terceira oração do dia. Se se contar a partir da meia-noite, geralmente é a primeira oração do dia.

Imaginei que, se fosse meu marido, me escreveria e diria:

Mensagem #1:
Bom dia, querida.
Espero que tenha dormido bem ontem à noite.
Sina passou a noite toda em seu quarto, como um anjo, terminou todo seu jantar, tomou banho e adormeceu logo depois de ler a história "Dido Dub" três vezes!
Eu te amo, espero que esteja bem.

Mensagem #2:
Bom dia, querida.
Vou ao correio para lhe enviar alguns papéis.
Você quer que eu te mande alguma coisa hoje?
Vou levar Sina para tomar sorvete depois da creche. Ele foi ótimo na hora de se trocar esta manhã. Ele me perguntou sobre você e me disse para lhe enviar esta foto.

Mensagem #3:
Boa tarde, querida.
Sina chegou em casa coberto de lama. Teve um grande momento na creche.
Estou orgulhoso de você por escolher uma creche ao ar livre; é uma oportunidade incrível para uma criança da idade dele.

No correio de hoje, recebi uma notificação sobre seus livros — acredito que eles serão entregues até o final da próxima semana. São os novos livros?

Parabéns! Eles vão estar aqui quando você sair. Que maravilhoso!

Mensagem #4:
Enviei-lhe algo pelo correio, espero que lhe traga alegria.

Resolvi me distanciar de tudo isso. Depois da nossa última discussão, eu deixei o quarto azul que eu tinha transformado em meu santuário de escrita e voltei para o nosso quarto. Naquela noite, enviei uma mensagem para o telefone do meu marido, dizendo que sentia falta dele. Talvez ele não tenha visto. Eu, silenciosamente, entrei no quarto e me deitei na cama ao lado dele.

— Desculpe! Eu te assustei?
— Não, está tudo bem.
— Você estava dormindo?
— Tudo bem. Você está bem?
— Sim... não sei.
— O que há de errado?
— Não sei.

Suspirei quando me agarrei a ele, senti seu pescoço e enterrei minha cabeça em seu peito. Ele me deu um abraço caloroso, mas... nada...

Eu lentamente movi meus dedos ao longo de suas costas, todo o caminho para baixo, mas... nada...

Agarrei-me a ele com mais força. Suspirei... suspirei tão profundamente... que poderia ter balançado as flores de verão no jardim, podado as árvores da floresta e acordado os habitantes do lago: cisnes, patos e sapos...

— Você está bem?

— Senti a sua falta.

— E eu senti sua falta também?

Silêncio.

Mas.... nada...

Não sei se adormeci depois disso, ou quantas vezes o ronco dele me acordou. Eu tinha tirado a roupa por causa do calor ou porque estava com tesão. Não importava.

Eu pulei de repente e meu movimento o acordou. Achei que tinha ouvido meu filho chorando, então me levantei, peguei o pijama de seda que tinha deixado na beirada da cama, *top* nude e *shorts*, coloquei-os às pressas.

Ele não percebeu que eu estava nua.

Ele não percebeu que eu tinha deixado o pijama *sexy* na cama antes de dormir.

Ele disse:

— Você está bem?

— Acho que ouvi um choro...

Eu não estava errada.

Ele voltou a dormir e eu fui para o quarto de Sina. Seu rosto estava molhado de lágrimas, ele estava fazendo pequenos sons ofegantes, enquanto continuava completamente adormecido. Eu o beijei e beijei e beijei. Afastei seu cabelo maravilhoso e lindo, sussurrei em seu ouvido: Mamãe está aqui, meu amor, mamãe está aqui... Ele se acalmou e começou a soltar risadinhas inocentes. Ele estava dormindo o tempo todo, e não havia nada de errado...

73

Abri uma das duas caixas idênticas que foram deixadas do lado de fora da porta antes do jantar de ontem. Eles parecem estar tentando organizar a distribuição das coisas; às vezes, eles colocam as caixas sozinhas e depois trazem as sacolas. Agora eu sei o número impressionante de pessoas na quarentena. Dentro da caixa havia um bolinho, duas porções de manteiga e geleia de framboesa. Resolvi comê-lo da maneira tradicional, embora geralmente não use manteiga. Cortei os *scones* ao meio e espalhei manteiga de cada lado, depois espalhei a geleia por cima. Estava delicioso e não tão seco quanto eu esperava. Resolvi abrir a segunda caixa. Uma xícara de café parecia equilibrar os dois *scones*... Parecia, para mim, uma manhã calma.

74

Desliguei o ar-condicionado e coloquei um casaco leve, e meia hora depois o tirei e liguei o ar-condicionado novamente. Observei os coelhos se esgueirando por um buraco na cerca. Eles eram marrons, como a cor das folhas que cobriam as bordas do estacionamento. Eles eram difíceis de identificar no início, mas seus movimentos suaves enquanto procuravam por comida os revelavam, assim como o algodão branco sob suas caudas. Tão fofo.

Eles estavam pegando algo do chão perto do cano roxo que serpenteava por baixo da cerca. Acho que dá para o esgoto. Meio estranho que eles escolheram roxo para um cano. Bom ver uma cor diferente do verde aqui!

75

Tomei um banho morno. Foi refrescante, e lembrei-me de um confortável vestido de algodão que havia trazido comigo como uma opção prática para aqueles dias de ida e volta na feira. Tinha listras longitudinais e rosas estilizadas de um amarelo calmo. Lavei o pijama e pendurei-o na borda do vidro do chuveiro para secar. Lembrei-me de que o rolo de papel higiênico tinha chegado ontem em uma sacola com "saco de roupa suja" escrito. O serviço de lavanderia pode estar disponível, mas eu não queria esperar que eles devolvessem meu pijama. Eu poderia secá-lo com o secador hoje à noite, caso necessário.

Desta vez, decidi escrever no meu *laptop*. Sentei-me no sofá perto da janela. Eu havia forrado a borda da janela com os corações de origami que fiz ontem, ficaram lindos e espontâneos. Observei a estrada, o trânsito e os pedestres, pensei em contar os carros, ônibus e táxis...

Pensei em escrever seus tipos e cores. Pensei em contar o número de pedestres e estimar suas idades, depois fazer estatísticas sobre o número de homens *versus* o número de mulheres. Pensei em memorizar o número de trens e bondes que passavam a cada dia.

Eu vi uma moto pela primeira vez. Acho que o rugido do motor assustou os coelhos. Eles correram um ao redor do outro em círculos... Talvez estivessem apenas se divertindo.

Vi um jovem cego andando perto da rotatória. Ele cruzou para o lado oposto. Eu queria ficar na frente dele, puxar sua mão e enfiá-la por baixo da minha camisa, apertar meu peito e sussurrar em seu ouvido, você sabe o que é isto? Este é um peito, os homens adoram. Então eu o deixaria e iria embora.

Eu me senti uma vilã, não pela ideia, mas porque presumi que um cego não sabia como era o corpo de uma mulher com tesão.

Você sabe... Na universidade, eu tinha um amigo cego que estava fazendo doutorado. Seu nome era Walid, lamento profundamente não ter mantido uma conexão com ele ou encontrado uma maneira de acompanhar suas notícias. Ele era muito gentil e inteligente; ele era bonito, e seus olhos eram tão verdes e mansos que você não acreditaria que aqueles olhos não podiam ver o mundo...

Um dia, quando lhe entreguei uma fita cassete em que havia gravado um livro para as palestras a que assistimos juntos, ele me disse: "Sei que você é linda". Sorri com timidez e orgulho, o que ele notou pelo tom da minha voz quando lhe perguntei: "Realmente, Sr. Diabo? E como você sabe?" Ele disse: "Eu ouço os comentários que os caras fazem quando você está comigo, e eles mencionaram mais de uma vez que você é linda. Mas eu sabia que você era linda muito antes de tudo isso...

Queria ter casado com um cego!

Então, não me machucaria quando ele apagasse as luzes e derrubasse a escuridão antes de dormir comigo...

Eu não teria medo de que ele um dia me dissesse que estava entediado comigo, já que ele podia me imaginar todas as vezes que quisesses.

Diga-me, querido: por que os homens dormem com suas esposas no escuro e suas amantes sob as árvores, à beira do riacho e sob a cachoeira?

76

Houve uma batida na porta, fiquei surpresa e assustada. O MacBook dizia que eram dez e meia. Percebi que, por algum motivo, o tempo não mudava automaticamente. Eram sete e meia aqui, e eu não queria comer. Eu tomei café e comi *scones* o suficiente esta manhã, pensei em jejuar amanhã, já tenho um bom número de dias para jejuar antes do próximo Ramadã. Então me lembrei de que as horas de luz do dia eram muito longas no verão, e isso poderia me desencorajar. E se você me quisesse e decidisse... Desisti da ideia e deixei o café da manhã lá fora. Talvez eu peça a eles que não enviem o jantar hoje.

77

Desta vez, não sequei meu cabelo após o banho, como costumo fazer. Suas extremidades começaram a se torcer em anéis dispersos, e ondulou um pouco no topo da minha cabeça. Senti um pouco de frio, lembrei-me de um xale quadrado com estampas brilhantes que havia comprado na Turquia por dez liras. Sim, o equivalente a cinco dirhams! Ou uma libra esterlina!

Dobrei-o em um triângulo, coloquei-o na cabeça e amarrei-o abaixo do queixo, como fazem as mulheres turcas. Eu parecia uma camponesa, então tirei-o e puxei-o para baixo do meu ombro e desfilei elegantemente na frente do espelho. Eu parecia uma senhora chique que tinha acabado de saltar de um carro esporte conversível, onde ela estava usando o xale para proteger o cabelo do vento, enquanto dirigia o veículo em sinuosas estradas de montanha, inalando a fragrância do verão.

Amarrei o xale na cintura e balancei os quadris algumas vezes, virando duas vezes, como uma dançarina do ventre. Eu ri e desfiz o xale e joguei no sofá e deitei ali, contemplando, nossa... era incrível o que um pedaço de tecido podia fazer. Incrível o quanto isso pode nos mudar!

Eu prendi um pouco o meu cabelo, já que eu tinha que limpar o banheiro da mesma forma que eu fazia antes. Senti nojo quando a pequena sacola encolheu contra minha mão sob a pressão da água e, embora nada tocasse minha mão, pude senti-la dizendo: Olá! Estou aqui... Você sente a água fria dentro de mim?

Passei delineador e rímel, tirei uma *selfie* na frente do espelho e me senti linda, apesar da pele sem vida e da palidez do rosto. Era um dia inconstante lá fora, até os coelhos pareciam mais ativos, não decidi em uma temperatura para o quarto, estava com um pouco de fome...

Ah, esqueci de te dizer: descobri que o pedaço quadrado de metal — aquele que está preso na lateral da porta — é como uma fechadura! Sim, uma alternativa às correntes que permitem abrir uma fresta na porta sem abri-la. Em sua ponta há um ímã, e movê-lo na direção oposta impede que a porta seja aberta. Me senti aliviada. Posso não ter a chave do quarto, mas tinha a fechadura!

Pensei em boicotar alguns dos produtos que nos deram durante a quarentena, principalmente os que conheci aqui pela primeira vez. Mas, sem dúvida, eu procuraria aquelas deliciosas batatas fritas crocantes. Eu estava guardando um saco delas para compartilhar com meu marido e Sina quando eu saísse. Eu pensei, estou sendo tão gananciosa, eu poderia ficar com os próximos, para que cada um de nós tivesse um saco de batatas fritas. Imaginei nós três tirando uma *selfie* e piscando para a gaivota como o homem da foto.

Pensei em fazer uma lista de coisas que aconselharia os detentos a trazerem se tivessem a oportunidade de coletar itens antes de entrar na prisão:

Escova de banheiro.

Escova de banheiro.

Escova de banheiro.

Eu disse escova de banheiro?

Esponja para limpar a pia.

Um perfume ou aromatizador de ambientes.

Livros físicos. Sim, tem que ser papel. Confie em mim, você precisará tocar em algo além de si mesmo e dos travesseiros.

Livros para colorir.

Cores.

Comida para a primeira noite e para as péssimas noites de cozinha.

Uma pequena tesoura, caso você goste de cortar as sacolas feias e criar algo com elas.

*Adicione: Algodão para seus ouvidos.

No quinto dia, comecei a varrer o quarto de cima a baixo, de um lado ao outro, para frente e para trás, passando pelo olho da porta e pelo banheiro, pela mesa e pela beirada da cama, pelas minhas malas e pelo sofá, a janela...

Esperando você me escrever...

Lembrei-me da nossa antiga casa enquanto varria os quartos. Lembrei-me de como os pisos de madeira gritavam e ansiava por aquele silvo. Houve tantas vezes que eu o odiei e o ressenti no passado; tantas vezes Sina acordou enquanto eu entrava em seu quarto; agora, foi esse silêncio que me machucou, e esse sentimento morto e brilhante. O fantasma pisa no chão do nada.

Pensei em dobrar mais corações de origami, pensei que poderia contar quantos corações uma sacola pode fazer. Pensei que, quando saísse daqui, ensinaria Sina a dobrar corações, e Naya e Lyal, e Maya quando ela crescesse, e os bebês no ventre da minha irmã, e a linda filha ruiva da minha vizinha Emily, e em cada festa de aniversário e churrasco e Halloween. Bem, talvez eu aprendesse a dobrar pequenos fantasmas para uma festa de Halloween. Isso seria divertido.

81

Eu tenho que ser justa, a comida não é tão ruim. Em geral, a comida britânica é sem graça e chata, nada de novo, mas acho que as quantidades de comida são adequadas e às vezes até mais do que adequadas; tudo depende do que cada um prefere e quais são seus hábitos ao tomar café ou chá. Por exemplo, eu não uso açúcar, então você pode imaginar a quantidade de açúcar em excesso que acumulei.

O estranho é que comecei, sem pensar, a reduzir meu consumo de coisas! No primeiro dia, coloquei quatro cápsulas de leite e quatro sachês de café em uma xícara, e nos últimos dois dias usei exatamente metade desse número por xícara. O café tornou-se perfeitamente aceitável.

Começou a chover. Eu não te disse que era um dia estranho hoje? Aliás, o estranho é que não chove há quatro dias, o sol desapareceu, os coelhos, os transeuntes, as gaivotas e os corvos...

Dobrei mais corações, a primeira sacola desapareceu...

Em um sonho, vi que eles iriam permitir que aqueles entre nós que tivessem estudado mais e aqueles com profissões de prestígio saíssem primeiro da quarentena, como uma espécie de peneira. Você e eu éramos duas pequenas pedras vermelhas presas pela malha metálica de uma peneira circular de madeira, eles nos jogaram da janela da quarentena, onde nos transformamos em dois pássaros, emocionados com nossa liberdade. No entanto, de repente descobrimos que não tínhamos asas para voar; elas estavam tão grudadas em nossos corpos que não podíamos abri-las e, naquele exato momento, no momento em que pensamos que estávamos livres, estávamos morrendo juntos... Naquele momento... você me disse que me amava...

Minha mão tremia enquanto eu tentava controlar a xícara de café e minhas lágrimas. Eu estava chorando alto agora, meus soluços pontuados por suspiros quebrados. Coloquei a xícara na beirada da mesa e me encolhi, contemplando a névoa de chuva.

O *laptop* estava quase sem bateria. Lembrei que tinha deixado o carregador ao lado da cama, me levantei... Pensei em fazer algum exercício e decidi que preferia andar um pouco para cima e para baixo no quarto. Devo ter passado cerca de vinte minutos pelo menos, andando pelo quarto, carregando a caixa de música de Sina, girando-a e ouvindo a música. Acalmei-me e parei de chorar, ofegar e suspirar. Fiquei surpresa por nunca ter querido ouvir nenhuma música, nem qualquer som, mas me apeguei a essa caixa de música, talvez porque controlasse o tempo de suas pequenas notas, a velocidade da melodia, e quando lentamente a parei, anunciando o fim de algo, senti como se a música viesse de um lugar dentro de mim tão frágil quanto um papel que lembrava a forma de um coração!

83

Eu tenho que continuar escrevendo para você, não importa o custo. Tenho medo de fugir, ou que algo aconteça antes de eu terminar de dizer o meu lado das coisas, e tudo bem... Eu sei que você quer um pouco de silêncio agora, e pra mim basta que você esteja comigo.

Limpei a poeira do parapeito da janela e reorganizei os corações. Limpei a poeira do estrado da cama, do encosto plano do sofá e das mesas laterais, e me perguntei de onde vinha toda essa poeira.

Eu não queria comer, mas estava com fome. Bebi mais água para que meu estômago se calasse.

É estranho como nossos corpos nos controlam: urinar, defecar, vomitar e comer!

É estranho como esquecemos que, afinal, não somos deuses!

84

Comecei a cortar uma nova sacola. A coisa mais difícil do origami é cortar essas sacolas em quadrados. A faca de plástico quebrou enquanto eu tentava cortar a sacola passando-a de lado, entre as dobras do papel. Tudo bem, vou tirar as facas que joguei no lixo ontem. Não vou mais jogar fora as facas usadas nos próximos dias, pois tenho muitas sacolas para cortar!

Eu contemplei a escrita na sacola, que era linda. Como foi que o dono desta bela caligrafia não encontrou outro emprego além de servir os hóspedes em uma instalação de quarentena administrada pelo governo?

Ele deve ter conseguido uma "licença de caneta" na escola, quando estava no primeiro ou segundo ano, e deve ter dito à professora enquanto ela tirava uma foto dele para pendurar entre as estrelas da semana no quadro da classe: Quando eu crescer, serei médico, bombeiro ou piloto!

Para onde aquele garotinho foi? Como sua bela caligrafia foi parar nessas sacolas miseráveis e feias?

Resolvi fazer dele um coração especial e dar um nome a ele. Vou chamá-lo de Matthew!

Minhas idas ao banheiro aumentaram, já que eu bebi muito mais água hoje. Eu peguei um par de lentes de contato coloridas na bolsa de toalete aberta na pia, e pensei em colocá-las. Eu havia decidido cerca de um ano atrás usar lentes coloridas o tempo todo, para esconder meus olhos, já que havia sido diagnosticada com uma condição genética que causava uma mudança na cor dos meus lindos olhos castanhos, cujas pupilas eram cercadas por uma auréola que parecia à primeira vista ser um anel azul. A desvantagem de usar lentes coloridas é que elas dão uma aparência vítrea que não diz nada. Elas fazem de você um estranho a si mesmo e sua família, enquanto você se aproxima de outras pessoas que não te conhecem. Eu as coloquei... Eu parecia um gato sem-lar e não amado.

Quando eu sair desta prisão, construirei outra prisão na campina atrás da quadra de tênis. Eu vou dizer às pessoas: Entrem... Entre, pessoal! Aqui, você perderá o apetite por comida e sexo, se transformará em máquina e seus problemas desaparecerão. Você preservará o meio ambiente e racionalizará o consumo; você preservará e santificará garrafas de água vazias; você reutilizará facas de plástico sujas; você coletará lixo e o transformará em arte; você não vai mais comprar brinquedos e presentes para seus filhos, mas mostrará como brincar com sacos de papel e telas de caixas transparentes. Entre... entre! Aqui está a pandemia, aqui está a prisão! Entre... Entre! Aqui é a prisão!

Queridas pessoas! Oi, amigos!

Ei, pessoas livres lá fora!

Por favor, por favor, enviem coisas para os presos e detidos nas prisões, enviem coisas para os criminosos

Escrevam algo para eles

Enviem uma folha

Um galho quebrado,

Um lenço perfumado com perfume ou borrado de maquiagem, enviem uma flor

Ou uma imagem desbotada,

Um pedaço de papel de um caderno velho,

Uma tampa de caneta,

Borracha usada,

Aparas de lápis,

Enviem algo, enviem algo de fora,

Não enviem sacos de papel,

Nem lenços estéreis. Sem máscaras,

Nem caixas de comida e garrafas de água,

Tragam de volta algo velho com um toque crocante e um cheiro gasto...

Ei, ei, tudo bem. Eu sei que você não vai me responder. Não se preocupe, não estou com raiva de você. Eu sei que você é como eu e que não tem nada em suas mãos. Mas vou escrever para você... e vou esperar até a hora...

88

Desta vez, o preso 409 abriu a porta e ficou ali com seu olhar detestável e pernas abertas, enrolou um saco de toalhas sujas e jogou-o, como se tentasse colocar uma bola de basquete na rede. Não sei por quê? Mas eu não gosto desse Sr. 409, e acho que a mulher dele também não gosta dele...

Acho que o hóspede do 410 é um homem rico, provavelmente mal-humorado e arrogante. Comecei a notar que, toda vez que me davam um segundo a mais para olhar para a direita enquanto puxava as sacolas, ele não havia levado as sacolas de quarentena. Em vez disso, vi sacolas de restaurantes caros e conhecidos. Então ele não comia a comida de prisioneiros pobres como nós, mas pedia suas próprias refeições *on-line*.

Eu serei honesta com você: embora eu me sinta um pouco irritada com ele, não o culpo por isso. Não é só porque a comida às vezes é difícil de comer, é que você come a partir das escolhas que lhe são impostas. Se o dinheiro da bolsa que ganhei na feira tivesse sido suficiente, então eu poderia estar me mimando. Talvez eu pedisse uma refeição *on-line* uma ou duas vezes. Já contei que a bolsa de exposição não cobriu os custos do hotel em que fiquei durante a feira, o hotel da quarentena e minhas passagens de avião?

Mas desviei parte das economias de uma feira anterior e comprei uma escrivaninha, o que significava que paguei o dobro pelo peso extra no *check-in* de bagagem, mas tudo bem... Nós nos mimamos à nossa maneira.

Lembrei que estava com a escrivaninha aqui no quarto comigo! Eu pensei em montar, mas eu não tinha uma chave de fenda, e eu não acho que eles vão me deixar ter uma. E, se meu marido me enviasse uma, eles a confiscariam, pensando que eu queria desmontar algo no quarto, quando na verdade eu estaria adicionando um novo móvel!

Está tudo bem, minha linda escrivaninha verde-escura, logo sairemos daqui...

O sol nasceu e a temperatura ambiente aumentou. Meus lápis de cor chegarão amanhã, ou depois de amanhã.

Três batidas na porta, fiquei atrás do olho da porta... não vi ninguém. Abri, e havia um envelope no chão, com meu número, o 408. Desta vez, estava direcionado a mim: para a hóspede "Salma", 408.

Estava lacrado por um grampeador em todos os lados, embora eu não me importasse com quem fez isso, só queria saber quem havia enviado o envelope. E o que havia nele. A caligrafia parecia familiar!

Abri, havia cinco ou sete sachês de chá de karak, além de um pequeno pedaço de papel: "Soso, querida, espero que você esteja bem. — Naya, Layal, Maya e os bebês na minha barriga."

Chorei e chorei e chorei, liguei a chaleira e preparei a xícara...

Você gosta de chá de *karak*?[5] Eu amo muito... Sina também adora sanduíches de *karak* e *barata*, que compramos nas cafeterias escondidas, aquelas que parecem ilegais... É sempre melhor nessas cafeterias... Por que as pessoas que não são pobres amam a comida dos pobres? Isso os lembra de suas origens humildes? Dá-lhes um prazer que lhes digam: Você é bom, você é humilde e não foi mudado pelo glamour e brilho do mundo?

---

[5] Famoso chá do Catar que é feito com chá preto, cardamomo e leite evaporado.

91

A batida rítmica surgiu. Olho pela porta, o preso do 407 abre a dele! Eu fechei imediatamente — mas, caramba, que chatice, que idiota, eu esqueci a fechadura. Eu o vi fechando sua porta rapidamente quando ele notou que eu estava abrindo a minha. Fiquei irritada e cerrei os dentes enquanto batia na maldita fechadura algumas vezes para liberar a máscara que havia deixado pendurada nela, e que ficou presa lá. Quando finalmente abri, vi que desta vez o 407 havia aberto a porta usando uma máscara azul. Então... ele fechou da primeira vez porque tinha esquecido de usar a máscara. Ele parecia mais magro e mais jovem, ele disse olá enquanto puxava as malas. Não consegui evitar que minha cara estúpida sorrisse, desejei ter uma máscara enquanto puxava as sacolas... Então fechei a porta e caminhei na ponta dos pés com saltos graciosos até chegar à mesa da escrivaninha...

Falei com alguém hoje! Com o número 407... Ele disse olá para mim. Eu disse oi para ele!

92

Eu sei que você me entende, doce coração silencioso, e você não vai me julgar ou ficar com raiva. Você sabe com certeza que eu ainda gos-

taria que você me respondesse, mesmo que eu pareça mais calma agora...

Fiquei tão triste porque eles mudaram as batatas fritas de volta para a marca comum, a Walkers, que pode ser encontrada em qualquer lugar. É uma vergonha. Eu poderia sentir falta daquela gaivota malvada, e eu poderia matar apenas uma gaivota por semana se eu aprendesse a caçar...

93

Eu queria gritar enquanto dobrava a sacola vazia, guardando-a com o resto das outras sacolas para corações de origami ou fantasmas de Halloween. Eu queria xingar em voz alta e gritar e dizer, seus bastardos, eu tenho um nome, seus bastardos! Eu tenho um nome! Eu tenho um nome, seus porcos imundos! Eu não sou um número em um saco de papelão, seus filhos de vermes, eu não sou o 408 e ele... Ele NÃO é o 407!

Resolvi ligar para ele. Pensei em perguntar o nome dele e dizer a ele que também tenho um nome. Eu não me importava com o que poderia vir a seguir. Peguei o telefone e disquei o número do quarto, de acordo com as instruções do telefone do hotel, mas não tocou, nem um único toque. Acabei recebendo uma mensagem gravada dizendo: "O hóspede do número que você discou não poderá atender sua chamada. Você pode gravar uma mensagem!"

Não te disse, meu belo mestre, que a prisão é mais misericordiosa do que este cativeiro imundo, com seus frascos brilhantes e lençóis limpos?

94

Quando pensei que tinha me acalmado, minha indignação explodiu... Resolvi me preparar para o próximo encontro, então peguei uma das sacolas dobradas, risquei o número do quarto e escrevi de um lado:

Eu tenho um nome.

Virei-o para o outro lado e escrevi "Salma".

Espero poder dizer isso a ele hoje. Espero não ter que esperar até amanhã.

Desisti da ideia e pensei em ligar de volta e deixar uma mensagem de voz:

"Filhos de bastardos! Aqui está 4...0...8 conversando com 4...0...7 e dizendo a ele: Da próxima vez você pode abrir a porta nu, eu assobiarei pelo olho da porta"

95

Você se lembra quando eu lhe disse que escolhi a palavra *homus* assim que a vi no menu? Ah, me dê forças! Se ao menos você pudesse ver como veio o *homus*, como veio, meu querido, espalhado entre duas fatias de torrada com *rocca* e abacate! De onde eles tiraram essa receita de *homus*? De qualquer forma, foi um bom sanduíche, mas *homus*? Não! Não, obrigada.

96

Lembrei-me de Sameera e tive pena dela, pois o roubo e o abuso estavam agora há sete anos de distância. Em 2015, o tribunal a condenou a oito meses de prisão com pena suspensa, sob a condição de que ela passasse dois anos em liberdade condicional e aderisse a programas de tratamento.

Talvez ela tenha escapado da prisão para enfrentar o *lockdown* da covid-19, quem sabe? Mas o que realmente nos traz aqui, agora? Eu sei, é a pandemia. Mas por que essas pessoas estão de volta? Por que retornaram a este país na época da pandemia? E em quais países vermelhos eles estavam? Claro, Sameera veio da Índia, pois ela originalmente tinha um diploma de medicina de Punjab, mas e o 407? Talvez ele seja da Somália ou do Zimbábue, pois eles estão na lista vermelha do Reino Unido, mas eu realmente espero que ele seja da Somália, ou pelo menos que ele seja originalmente de lá. Talvez eu associe certos países à cor da pele, mas ele pode ter vindo dos Emirados, assim como eu.

Eu te disse que o 407 parecia estar me evitando na hora do jantar? Ele devia estar atrás do olho mágico, pois ele abriu a porta assim que colocaram comida na frente, antes mesmo de baterem. Abri a porta imediatamente quando ouvi a voz da mulher loira que eu estava observando por trás do olho mágico, enquanto ela colocava as sacolas: "Espere, vamos pegar outra sacola para você". Eu esperei... Eu me senti tão envergonhada, já que eu parecia gananciosa. Peguei as sacolas, rasguei a que tinha o meu nome sobrescrito e voltei a dobrar origami...

97

Eu estava tentando dormir às oito da noite quando ouvi o som de uma briga no quarto 410. Era o cara do Starbucks, ele estava gritando com alguém, talvez ao telefone. Ou eu provavelmente apenas imaginei que ouvi um som como um gemido. Não tenho certeza de nada, exceto que tenho dores estranhas no estômago...

    Pela primeira vez, pensei em ligar a TV! Por que não liguei a TV antes?

O sexto dia

98

Eu dormi mal ontem, dei somente alguns cochilos aqui e ali. Não tive sonhos nem pesadelos; em vez disso, dores nas costas, no estômago e nos joelhos. Lutei para abrir os olhos e descobri que meu olho direito estava completamente fechado. Eu pulei da cama e coloquei meu rosto debaixo da torneira, droga... droga, eu adormeci com as lentes de contato!

Os restos de kohl e rímel deslizaram pelo meu rosto quando tirei as lentes, lavei os olhos e sequei o rosto. Felizmente, encontrei um "gel" que aliviou a irritação nos olhos... Usei-o e sentei-me na cama com os olhos fechados e a cabeça para trás, encostada na cabeceira da cama. Depois te escrevo...

Eu vou te dizer como meus olhos são lindos. Eles são largos e escuros como a noite, eu tenho cílios longos e arqueados. Quando eu estava na universidade, um jovem, assistente de professor, deixou-se seduzir por eles. Ele costumava me chamar em seu escritório na faculdade, pedindo-me para ajudá-lo a arrumar seus novos livros e carimbar suas páginas com seu carimbo pessoal. Era apenas uma desculpa, e em seu escritório ele me provocava usando uma régua de metal para refletir os raios do sol em meus olhos, ou assim ele disse quando eu sorri, surpresa com seu comportamento. E confesso a você, o achava bobo e sem graça quando ele me perguntava: Você sabia que seus olhos são encantadores? Na verdade, ele não disse isso. Ele me perguntou primeiro: Qual é a primeira coisa que você nota quando olha seu rosto no espelho pela manhã? Eu lhe respondi, fazendo-me de boba intencionalmente, igual à estupidez de sua pergunta: verifico se meu rosto está limpo!

Ele riu e disse: "Você não percebe que seus olhos são encantadores?" Eu realmente o achei bobo e decidi nunca mais ir ao seu escritório. Não fui reprovada na matéria, o que teria sido difícil para ele, mas tirei um C. Era um curso de inglês alternativo para quem havia sido reprovado no vestibular de inglês da universidade! Você acredita nisso?! Eu falhei no exame de inglês para iniciantes na universidade! E aqui estou eu, morando na Grã-Bretanha!

Eu me lembro dele agora, e me lembro da sua inocência e do seu jeito bobo. Ele não sabia como lidar com garotas, ou talvez não soubesse como enganá-las.

Ele me lembra um pouco você, exceto pelo desleixo. Você é como algodão-doce açucarado.

Você vai me enganar? Você vai pegar meu coração e capturá-lo?

99

Estou com dor de cabeça. Eu poderia tomar alguns Panadol, fazer uma xícara de café e molhar alguns saquinhos de chá para usar como compressas nos olhos, para aliviar o inchaço.

Quando enchi a chaleira pela torneira do banheiro, vi meu rosto pálido e cabelos espalhados no espelho. Liguei a chaleira e coloquei o relógio, depois me sentei no sofá, escrevendo para você...

Era cedo e eles ainda não tinham batido na porta com as sacolas de café da manhã. Tive cólicas de fome, junto com uma sensação de enjoo, lembrei do "biscoito" de ontem e dos saquinhos de chá de *karak*. Talvez seja melhor eu tomar chá agora, até meu estômago se acalmar e o Panadol começar a fazer efeito. Tomaria um café mais tarde.

100

Enquanto eu estava tomando chá de *karak* lentamente, vi duas gaivotas flertando lado a lado, com uma tênue lua crescente atrás delas. O céu estava azul, o sol brilhava, as nuvens eram brancas como listras transparentes. Olhei para o horizonte e vi cordilheiras acima de uma linha ondulada de nuvens escuras. Minha casa ficava ali, atrás dela, e talvez estivesse chovendo ali agora; talvez a floresta estivesse repleta de lama e chuva. Lembrei-me de Sina, lembrei-me de que não havia perguntado sobre ele ontem. Tive um sentimento de tristeza e arrependimento, e esperava que talvez ele tivesse dormido e não tivesse pensado em mim, que ele me perdoe...

101

As batidas vieram... Contei dez segundos, e então me ocorreu como é estranho que as batidas não sejam precedidas pelo som de passos. Como o chão está coberto de carpetes, só ouço as batidas e o barulho dos sacos de papel. Posso ter lhe contado que fiz pequenos fantasmas de origami com os saquinhos brancos onde colocam cápsulas de leite, pimenta, café e chá? Eu recebo duas dessas sacolas por dia, me arrependo de ter amassado e jogado fora a maioria, mas tudo bem... Acho que ainda posso guardar um bom número delas para meus pequenos fantasmas.

Eu não queria abrir a porta para o café da manhã, pois minha dor de estômago havia voltado, mesmo depois do chá de *karak* e um pedaço de biscoito. Mas eles bateram uma segunda vez. Coloquei a máscara para abrir a porta, abri e imediatamente o 407 abriu a sua também e ficou de pé, olhando diretamente para mim. Ele estava confuso, talvez porque eu estava usando uma máscara e ele não. Ele hesitou... Ia fechar a porta, mas disse: Ah, olá, bom dia. Eu sorri, o que espero que ele tenha notado apesar das barreiras. Acho que fiz um som como "ei", então acenei com as pontas dos dedos enquanto puxava a mim mesma e as sacolas atrás da porta...

Eu gostava de imaginar que ele acordou cedo por uma razão, e que ele estava me perseguindo, esperando que eu abrisse a porta. Seu rosto era redondo, como aqueles belos rostos africanos com seus longos pescoços finos. Tudo nele parecia redondo: seus olhos, seu nariz, sua voz confusa, seu medo... até o medo é como um círculo.

Como uma caixa de *pizza* imaginária, sozinha...

Achei que tinha notado que seus olhos eram amarelos. Quero dizer, o branco de seus olhos estava ficando amarelo... Ele estava bebendo? Será que ele, como eu, desistiu de ler? Foi por isso que seu humor estava ruim ontem? Mas... ele estava de mau humor ontem, ou era eu?

102

Passou pela minha cabeça pegar uma das sacolas de papel branco com alças e escrever novamente "eu tenho um nome". Eu poderia pendurá-lo na maçaneta da porta e, da próxima vez que ele abrisse, eu poderia fazer um som como psssst para chamar sua atenção, para que ele lesse. Meus pensamentos foram interrompidos pela dor no estômago. Lembrei que tomei uns antiácidos, me senti aliviada. Lembrei da Sameera Naz! Eu me pergunto o que havia naquela caixa de remédios, minha querida Sameera. Ficou viciada de novo?

103

Apenas alguns minutos depois de tomar os comprimidos antiácidos, a dor voltou. Temi que fosse o início de uma úlcera estomacal, como acontecera com meu pai no cativeiro. Talvez eu não tenha te contado que meu pai passou dois anos ou dois anos e meio em cativeiro? Ele teve uma úlcera lá, e seu fêmur estava quebrado. Ele tinha vinte e cinco anos, eu acho, e foi feito prisioneiro na Batalha da Dignidade. Você sabe, ó belo e silencioso, sobre a Batalha da Dignidade? Você já ouviu falar dela? Talvez você nunca tenha ouvido sobre isso; talvez você nunca tenha lido um velho livro de histórias infantis que estudamos na sexta série, intitulado Heróis... na Costa do Golfo!

Estranho como a história, a data, os nomes, os contos e os livros desaparecem. Estranho como as vozes se apagam e as línguas desaparecem, estranho como as pessoas morrem, como são apagadas: seus nomes, seus detalhes de rostos, suas canções folclóricas, sua cor de pele, tudo é apagado.

Estranho esse seu rosto bonito, meu querido, e familiar esse seu silêncio cruel... tão familiar.

104

Lembrei-me de 'Autumn Song' de Ziad Rahbani. Você o conhece? Todo mundo conhece Fairuz e alguns conhecem Ziyad, e não fique chateado comigo se eu lhe disser que amo Ziyad muito mais do que amo Fairuz. Ziyad é bravo, triste, um pouco quebrado, mas também é alegre, bem-sucedido, e é um perdedor, inteligente e idiota. Ziad é tudo isso. É isso que o aproxima de nós, faz dele um ser humano apesar de tudo...

Eu odeio listas de tarefas. Eu gosto de uma página com espaços em branco, pontos, traços, barras invertidas, linhas curvas e um X.

105

Pensei em programar meu dia de acordo com o horário das sacolas.

7 h 20-7 h 30 — Sacolas de café da manhã
15-15 h 30 — Almoço?
18-18 h 30 — Sacolas do jantar

Fiquei horrorizada! Lembrei-me de que hoje era meu sexto dia, o que significava que era o oitavo dia para o 407. Faltavam dois dias e, mais precisamente, 7 sacolas. Apenas 7 sacolas!

Que pena... Que pena... Devo inventar um nome para ele e descansar? O escritor não era um deus nas entrelinhas? Não era isso que você fazia quando escrevia suas histórias? O que estava me impedindo de dar um nome ao 407?

Porque eu escrevo para você, e você não escreve para mim...

106

Bebi 12 das minhas garrafas de água Harrogate e tenho uma e meia para beber hoje. Olhei com prazer para as garrafas de água vazias, alinhadas na beirada do sofá, indo em direção à janela. Eu sei que quando as garrafas vazias chegarem à ponta do sofá, do lado perto da janela, vou sair daqui: paciência, "Harrogate", paciência. Eu irei até você. Mesmo que minha amiga tenha mudado de ideia sobre me convidar para passar férias com ela em Harrogate...

107

Eu ia pedir para não mandarem o prato principal para o jantar hoje. Achei que ficaria satisfeita com as entradas frias e a sobremesa, mas, quando a recepcionista disse que ia ser uma torta de peixe, e eu AMO peixe, pensei que não tem como errar com peixe, principalmente em um país com costas ricas e tamanha abundância em peixes; a única forma de eles conseguirem errar seria se eles mergulhassem o peixe em uma privada.

A sétima sacola antes da última

~~~~⟨108⟩~~~~

    Eram dez da manhã. Eu tinha cerca de duas horas antes da sétima sacola para o quarto 407, então decidi tomar um banho e trocar de roupa. Eu pensei em passar meu pijama antes de dormir hoje à noite, já que ontem eu tinha dormido de vestido! Não foi uma escolha, só esqueci de trocar de roupa.

    Lavei meu cabelo três vezes ou mais com xampu, até que ouvi meu couro cabeludo tinindo. Agachei-me, levantei-me e abaixei-me para pegar o cabelo que tinha caído no chão do chuveiro. Os poucos cotonetes que estavam no banheiro haviam acabado, então peguei um lenço de papel e torci para limpar os ouvidos. Não vou pedir nada a esses bastardos, para que eles não possam se dar estrelas por me ajudar, ou talvez me dizer: Ah, vamos tentar, temos um número muito limitado deles!

Voltei à lista que escrevi anteriormente e acrescentei: Trazer cotonetes para limpar os ouvidos!

Coloquei a *legging* e a camisa bordada *off white* com decote recortado em crochê, resolvi secar o cabelo dessa vez, depois passar uma chapinha. Percebi que havia torcido mechas onduladas nas pontas do meu cabelo e fiquei com raiva de mim mesma, pois não tinha a intenção de pentear meu cabelo, não nessa medida — apenas me empolguei e fiz isso automaticamente. Eu não queria parecer ainda mais desesperada do que nos dias que passei com o cabelo desleixado, vestindo apenas meu pijama.

Lembrei-me de como, durante o primeiro *lockdown*, fotos e vídeos de mulheres desesperadas estavam em toda a mídia, postando fotos de si mesmas em camisolas, maquiagem completa, lamentando o dinheiro que gastaram comprando tudo isso enquanto não podiam aproveitar em algum lugar elegante e ostentoso.

Negligenciar a aparência e cuidar exageradamente dela não seriam dois lados da mesma moeda?

Batidas vieram à minha porta, e apenas na minha porta. Abri a porta silenciosamente enquanto usava minha máscara e olhava para o chão. Sem qualquer pensamento ou hesitação, eu sabia o que estava no envelope: uma caixa de lápis de cor e um livro de colorir. Agora eu sabia que haviam sido eles que grampearam todo o envelope com saquinhos de chá *Karak* que recebi de minha irmã.

Uma voz sussurrou em minha mente, pobre 407. Nada veio de fora, nada. Pobres cativos no fim do corredor, no fim do caminho... no caminho do nada...

Pobres que colocam sacolas nas portas e depois fogem...

Pobres somos... Pobres...

109

Ouça-me, meu senhor bonito, quieto e silencioso. Sabe o que vou fazer com minhas cores? Vou pegar o preto e desenhar olhos para o meu fantasma de origami, como dois pontos afundados. E vou lhe dar uma boca oval, como um grito abafado. E vou sussurrar um feitiço em seu ouvido que me manterá em sua mente para sempre...

Senti frio e coloquei o xale em volta dos ombros. Passei as pedrinhas geladas sobre meus braços e me perguntei se continuaria com meu plano ou se desistiria no último momento. Talvez ele dormisse, ou me evitasse, ou, eu não sei. Apenas vinte minutos restantes, e então eu saberia.

Vou colorir no meu livro de colorir até lá, ou fazer mais fantasmas...

Percebi hoje que muitas vezes ouço um som, um som como de um objeto caindo sobre os azulejos, mas os únicos azulejos do quarto estão no banheiro e no espaço entre a porta e o armário que fica em frente ao banheiro. Depois disso, o tapete de lã separa o quarto do azulejo. O que é essa coisa que continua caindo? Chaves do carro? Um telefone? Um relógio? Não, repete-se com a frequência de bolas de gude, mas... por que jogavam bolas de gude nos azulejos perto do banheiro atrás da porta? Por que não no tapete?

Não acho que sejam bolinhas de gude. Talvez seja um código secreto usado pelos detentos do andar de cima para enviar mensagens aos detentos do andar de baixo. O que eles estão tentando nos dizer?

111

Meus caros amigos detentos... Ouçam o conselho dos ricos de fora: Vão com calma, aprendam a ser positivos, usem bem o seu tempo, leiam, orem, jejuem, deem graças a Deus, não reclamem. Olhem para os piores do que você, considerem os menos afortunados, pensem nos doentes, pensem nas crianças. Pensem naqueles que foram jogados pelo mar tentando fugir para o norte, e lembrem-se das mulheres nos campos, lembrem-se dos telhados dos "Zinko" e da chuva furiosa que cai sobre eles, o que há de errado com vocês? Como vocês são ingratos! O que há de errado com vocês, poluidores!

112

Você quer saber? Essas almas patéticas pensam que estão nos observando. Eles não sabem que nós é que os estamos observando pelo olho mágico da porta, posso contar o tempo que o segurança leva para ir da minha porta até o final do corredor e voltar, e do quarto 410 para o meu quarto, e daí posso dizer quantos quartos estão à minha direita e à minha esquerda. Eu sei que sou o quarto número oito, começando pelo elevador à direita, e sei que os números pares estão do meu lado e que os números ímpares estão do lado oposto. Eu sei muitos detalhes que eles não sabem que eu sei!

Eu me pergunto o que Sameera Naz está fazendo em seu quarto agora? Ela está fazendo origamis? Ela está engolindo analgésicos? Por que ela fugiu do Holocausto na Índia e veio para cá para se tornar uma viciada em drogas?

Quer saber... ela não roubou literalmente. Bem... ela roubou, não quero defendê-la, mas ela estava usando as sobras, ampolas de morfina em excesso que os pacientes não precisavam, e se injetando com elas. Foi uma coisa vergonhosa, sim, mas... Ah, a agonia do desespero! Viciando-se das sobras de seus pacientes!

Ela estava com saudades de sua família na Índia? Isso foi a depressão pós-parto? Ela abandonou um bebê e veio aqui para trabalhar? Ela se casou com um britânico que morava aqui e foi patrocinada por ele, depois deu à luz seu filho e ficou com medo de perder o filho e o visto de esposa? Ela ficou deprimida e começou a usar drogas?

Ou ela já estava morando aqui, e ela se casou com um belo rapaz da Índia e o trouxe aqui? Ela o patrocinou e deu à luz seu filho, e então ele começou a flertar com adolescentes, então ela ficou deprimida e começou a usar drogas?

Por favor, Sameera, por favor, não se vicie, não cometa suicídio, há tantos de nós aqui como você! A diferença é que ninguém nos pegou!

Ouço uma batida na porta. Estou nervosa... esqueci a hora, estava tão ocupada dobrando os fantasmas. Agora, coloquei a máscara, abri a porta e congelei. Fugindo como uma idiota, o segurança virou-se e olhou para mim, apontando para as sacolas no chão: É o seu almoço, droga... Por que eu esqueci? Por que eu abri tão rápido? Quanto tempo tenho agora para ficar com esse policial me observando? O 409 abriu a porta, e percebi que estava procrastinando demais e me abaixei para pegar as sacolas. Os olhos do 409 sorriram para mim com óbvia admiração quando ele disse: Olá! Eu disse: Ei... e puxei as sacolas para dentro com um remorso estranho. Ele estava usando uma máscara com o logotipo do Batman, seu cabelo grosso e prateado estava bem repartido para a esquerda, e ele estava usando... Espere, quem era aquele? Este não era o velho bêbado com sua esposa deprimida!

Um novo hóspede e a sexta sacola antes da última

~~~~~(114)~~~~~

Eu poderia morrer ou enlouquecer — quando os dois detentos do 409 foram embora? Quando esse rapaz com cara de Batman chegou!? Lembro-me de não ter notado nenhum movimento no 409 ontem, sem sacolas, nem uma vez. Lembro que ouvi vozes enquanto dormia ontem à noite, ou estava sonhando? Não senti pena de sua partida, mas me aborreci porque perdi os ritos dela. Eles saíram juntos? Saíram um a um? Eles tinham uma mala? Será que eles compraram algo do *duty-free* que estava em uma sacola, que poderia ter revelado de onde eles vieram? Perdi os rituais de sair e perdi a sétima sacola. O que eu faço esta noite?

Já te disse que fazer origamis de fantasmas é muito mais difícil do que fazer corações? Eu sou iniciante no origami. Eu não aprendi isso na escola ou na universidade. Em vez disso, ouvi falar em histórias, filmes e feiras de livros. Eu peguei um para Sina em uma exibição no pavilhão do Japão que tinha o formato de uma garça. Em um papel azul, eles também escreveram o nome "Sina", em um elegante papel, em letras japonesas com uma pena tradicional mergulhada em tinta preta. Vou pendurar isso no quarto dele quando voltar, e juntos vamos assistir ao vídeo que fiz da senhora desenhando o nome dele. Talvez tentemos imitá-la e escrever o nome mais tarde.

Pensei em passar o tempo encolhida debaixo da mesa, onde ninguém iria me ver, e quem iria saber? E se vissem, irei dizer que encontrei um lugar aconchegante para ler e ficar chapada. E vou levantar uma taça imaginária para eles e dizer: Saúde!

Almocei no chão, na sombra retangular que a janela desenhava no tapete. Os raios do sol se refletiam na tela do meu relógio e movi um ponto de luz ao longo da parede. Segui-o com os olhos enquanto movia meu pulso, depois o direcionei para o teto, para o espelho, refletindo-o contra a parede oposta. Eu me diverti enquanto tomava suco de laranja, que estava começando a criar uma sensação de queimação no meio da minha língua, malditos canudos de papel. Podemos salvar o meio ambiente sem nos machucar? Podemos nos salvar sem prejudicar o meio ambiente?

Pensei em limpar o quarto... Acho que está superlotado de sacolas, caixas de sobras e muitas migalhas no chão. Como vou limpar as migalhas? Com meus cílios, como os adultos nos diziam quando éramos crianças? Senti como se estivesse realmente limpando o tapete com meus cílios enquanto removia migalhas do tapete. Tentei usar lenços umedecidos, ajudou um pouco. Então notei a quantidade de cabelo que se acumulava nos lenços toda vez que os passava em um movimento circular sobre o tapete. Meu cabelo cai muito quando estou com medo ou ansiosa, meu cabelo cai muito... Essa quarentena...

Terminei de passar meu pijama. Eu não me apressei; era um trabalho mecânico relaxante, eu me perguntava por que eles nos deixaram um ferro e uma tábua de passar e um secador de cabelo, mas não nos deixaram uma escova de privada? Eu havia perdido alguma coisa? Poderíamos nos machucar com uma escova de privada? Hmmm... Talvez eles teriam que jogar fora se nós, contaminados, usássemos?

Bem, então por que eles não nos deixam apenas um prato para comer nossa comida, e aí não espalhamos migalhas por todos os lugares? Ou não nos deixam duas xícaras para chá e café? O que tinha de errado em deixar um prato órfão? Quando eu sair daqui, vou comprar um novo conjunto de pratos coloridos, cozinhar uma comida deliciosa e sair com minha família para comer um bife suculento em um restaurante de verdade!

A quarta sacola antes da última

117

Fiquei chateada. Descobri que havia cometido um erro — fazemos três refeições por dia. Às vezes elas vêm em duas sacolas e às vezes vêm em uma só, e às vezes vêm caixas com um pedaço de sobremesa ou um pudim, algo extra para adicionar às três refeições, talvez seja isso que tenha me deixado confusa. Uma sacola hoje à noite e três sacolas amanhã.

118

Canalhas! Eles mudaram sua política. Eles notaram algo, eles perceberam que eu estava intencionalmente abrindo minha porta para cronometrar com o 407? Eles costumavam colocar todas as sacolas na frente das portas e só depois batiam nas portas uma a uma, da direita para a esquerda, números ímpares e pares, mas agora... Eles colocam as sacolas de outra forma, como um zigue-zague, e batem na porta de um quarto de cada vez. O 407 não pretendia abrir a porta antes de mim; bateram na porta dele sem bater na minha. Eu não sei..., mas de qualquer forma, ele não esperou por mim. Eu fiquei feito uma ridícula quando abri a porta e não encontrei nada. Havia uma sacola no 410, e não havia nada no 408 ou 409, e assim entendi a nova maneira de distribuir as sacolas.

Está bem. As sacolas de hoje acabaram, mas ainda tenho três sacolas para testar minha teoria amanhã.

119

Tentei dormir, tentei ler, rezei cedo, antes da hora certa e pedi perdão a Deus. Minha dor de estômago voltou, embora a torta de peixe fosse a melhor coisa que eu tinha provado desde que entrei nesse campo de prisioneiros. Percebi que passaria onze noites e dez dias aqui, e isso acrescentaria um dia aos meus dias aqui. Pensei em pedir para tomar um ar fresco amanhã, mas tive medo de desmaiar assim que saísse do quarto. Peguei minhas canetas e comecei a colorir alguns corações de origami. Pintei as janelas das caixas que guardei. Minhas mãos tremiam um pouco, talvez de exaustão, talvez de dor de estômago. A escuridão começou a cair. Senti-me angustiada, pois não havia nada no céu... Até as nuvens haviam desaparecido, deixando um sombrio azul-escuro. Sentia falta dos morcegos, do meu marido e de Sina, e como costumava observá-los à noite, saindo de um buraco no telhado da nossa antiga casa... sinto falta da casa, sinto falta de Sina, sinto falta do meu marido...

    E... eu sinto sua falta, meu querido. Eu sinto sua falta...

NÃO PERTURBE
CRIANDO UM ROMANCE

O sétimo dia

120

Enquanto escrevo para você, já passa da meia-noite... o que faz com que esse seja o sétimo dia...

Tentei dormir, mas sem sucesso, pois a dor no estômago era insuportável. Tomei uma tira inteira de comprimidos antiácidos, mas a dor não passou. Então voltou furiosamente.

O 410 saiu às dez da noite. Agora há pouco saiu de novo, quando o relógio marcou meia-noite e doze. Fiquei surpresa que eles o deixaram ir, e fiquei surpresa que ele saiu tanto esta noite. Eu não o havia notado nas noites anteriores. Será que eu dormi naquelas noites?

Lembrei-me de que ele teve uma briga ao telefone esta tarde. Talvez ele não conseguisse dormir por causa disso — que tipo de filho da puta briga com um prisioneiro ao telefone? Embora eu realmente não simpatize com esse Sr. Starbucks.

Parecia que eu estava no centro da Jordânia, tentando comprar produtos para cozinhar legumes recheados para fazer *dolma* à maneira tradicional iraquiana. Vi uma cenoura grande e maravilhosa e decidi comprá-la. Talvez eu tenha enviado uma foto para minha irmã, perguntando se ela queria que eu comprasse uma para ela. Eu estava nervosa, com medo de perder o trem, embora pensasse: Que trem, não há trens no centro da cidade. Ele estava me observando, e eu tive certeza de que ele estava me seguindo. Ele tentaria beliscar minha bunda e correr? Como os idiotas do centro? Ele era um porteiro? Por que ele estava me observando? Olhei diretamente em seu rosto, ele lentamente se virou como uma estátua. Sua cabeça estava completamente escavada na parte de trás, e eu podia ver apenas a parte de trás de seus globos oculares em seu crânio vazio. Fiquei apavorada e acordei com um sobressalto. Meu estômago estava se rasgando... Sentei-me com as costas contra a cabeceira da cama e bebi um pouco de água, minhas costas encharcadas de suor. Quando eu tinha adormecido ontem? Eu não sei, e minha dor de estômago piorou depois que eu bebi a água, como se tivesse despertado a raiva do meu estômago.

Achei que deveria escrever ou ligar para meu pai e perguntar a ele sobre o início dos sintomas de uma úlcera em cativeiro e quanto tempo levava para desenvolver úlceras completas. Eu tinha medo de que ele me pedisse para ligar a câmera ou falar com Sina, eu tinha medo de que ele soubesse que eu estava trancada, e assim ele ficaria preocupado e adoeceria. Eu estava com medo de que sua mente trouxesse de volta seu próprio cativeiro e suas memórias, e que ele se lembrasse da tortura que havia experienciado lá. Como eles o faziam limpar sua tigela de comida de metal com água de vaso sanitário antes de despejar sua comida nela; como eles colocavam ovos cozidos, enquanto ainda estavam fervendo, sob as axilas e seguravam os braços para trás enquanto gritavam de dor até a pele murchar. Mas a verdadeira tortura foi a zombaria dos soldados que continuou durante toda a semana seguinte à medida que eles andavam com os braços esticados na frente de seus corpos, como pinguins, da gravidade das escoriações e infecções nas axilas, exacerbadas pela transpiração...

Tive medo de que ele voltasse a mencionar como foi trazido para a sala de interrogatório por cães, e que os homens lhe garantiram que os animais não comiam há dias, e como ele viu um sorriso no rosto do cruel oficial que conhecia seu ponto fraco. Ele odiava cães; ele estava no esquadrão *Fedaeyeen*.[6]

Fiquei com medo... Fiquei com medo... E me esqueci da dor de barriga e lembrei que eu — e vou confessar sem vergonha pela primeira vez — não gosto de cachorros...

A todos esses bobos simpáticos, com suas caras calmas e roupas elegantes, quero dizer: você já viu cachorros em nossos países? Diga-me, pelo amor de Deus, e de uma forma puramente científica, qual é a raça de cachorro que foi criada para viver no deserto? Ou nas margens dos rios? Ou nas encostas das montanhas? Cães em nosso país são apenas para caçar, pastar, guardar e serem brutos... Completamente brutos...

Nenhum cachorro do tamanho da palma da mão vive em nosso país, nem cachorros que parecem ovelhas; estaríamos confusos, e ficaríamos com fome e os comeríamos! Cães do tamanho de gatos não vivem em nossos países e não sabemos o significado de um cachorro mimado. Nós mal sabemos o significado de uma criança mimada, então, por favor, por favor, não nos despreze porque não gostamos de cachorros, e em troca prometemos, tentaremos não te odiar...

A dor pelos cachorros me fez esquecer a dor em meu estômago. De fato, parece ter melhorado um pouco; estranho, como você cria histórias em sua cabeça e traz memórias à tona

---

[6] Termo árabe usado para se referir a vários grupos militares dispostos a se sacrificar por uma campanha maior.

para esquecer o seu próprio cárcere e aprisionamento. Estranho como isso nos dá uma sensação de estar presente, e uma vaga coerência. Eu ainda tenho memórias, eu ainda me lembro de algumas histórias e alguns nomes. Eu estive lá um dia, eu estive do lado de fora. Essa pessoa, que vive rodeada de caixas e restos de comida e garrafas vazias, essa pessoa não sou eu. Eu sou algo a mais. Melhor.

122

Limpei o banheiro, olhei meu rosto magro no espelho. Eu perdi peso? Eu removi os restos de *kohl*, usando o último pedaço de algodão. Depois passei um creme hidratante no rosto, troquei de pijama, sentei-me na cama esperando a água ferver na chaleira. Fiz uma xícara de chá para mim e uma xícara de chá imaginária para você... e esperei baterem na porta.

Comecei a ouvir o barulho das sacolas e espiei pelo olho da porta. Vi um jovem escocês de cabelo ruivo, vestindo uma camisa xadrez e calças de veludo cotelê bege. Não tenho certeza, pois é difícil ver os detalhes das coisas pelo olho da porta, mas pelo menos não era um segurança desta vez. Ele voltou a fazer as coisas da maneira antiga; ele distribuiu as sacolas e começou a bater nas portas, notei que não vi uma luz vindo do olho da porta do 407... Ele também estava atrás da porta? Ele fechou o buraco com o pedaço de metal que o acompanha, o que dá um pouco de privacidade aos *voyeurs*? Eu sorrio enquanto penso em privacidade!

Fiquei pensando: caso os sacos de lixo que eles nos forneceram fossem completamente transparentes, saberiam o que consumimos e o que jogamos no lixo, e saberiam quais restos de comida deixamos nas sacolas, substituindo--os na frente de nossas portas, nossos números escritos neles. Sameera Naz teria que esconder as agulhas usadas em algum lugar embaixo da cama ou na mala.

Por que não escrevem nossos nomes nas sacolas? Não é possível? Levaria algum tempo extra, sem dúvida, mas vamos lá, não é impossível! Depois do primeiro dia, ficaria mais fácil escrever os nomes dos hóspedes sob o número do quarto, já que eles escrevem o número do meu quarto ao lado do meu nome em todos os pacotes que recebo. Toda vez que recebo um pacote, encontro o número do quarto escrito com uma caneta diferente ao lado do meu nome.

Levantei-me com determinação e peguei a sacola branca em que eu havia escrito, em inglês, de um lado EU TENHO UM NOME e, do outro,

SALMA, e pendurei-o na maçaneta da porta do lado de fora do meu quarto, depois fechei a porta. O que quer que deva acontecer, acontecerá.

Eu vi duas garrafas de bebida perto das sacolas de café da manhã na frente da porta 409. Espere... Sameera Naz não pode usar drogas, mas nós... todos nós... podemos beber? Dia e noite? Em nossos quartos? No silêncio?

Ah, esqueci... Sameera Naz desviava drogas, então é outra coisa... peço desculpas!

Além disso, asseguro-lhe que o 407 era um *voyeur*. A luz voltou ao olho da porta. Ele fechou a porta lentamente enquanto eu abria lentamente a minha. Que pena! Eu tinha duas sacolas sobrando hoje... e talvez uma extra amanhã de manhã, quem sabe...

124

Não vou esconder que passou pela minha cabeça que eu deveria parar de escrever para você. Eu tentei, mas não consegui, e me odiei por tentar me manter longe de você. Talvez eu procure algo interessante para falar; talvez você mude de ideia e quebre seu silêncio.

Li trechos do romance de bolso que recebi, para me distrair um pouco. Achei um pouco chato e previsível, talvez porque eu seja muito velha para esse tipo de leitura. Talvez porque eu tenha lido muitos deles quando estava no início da adolescência. Sorrio ao lembrar como costumávamos colocá-los no meio de um livro escolar e fingir ler as lições para não sermos repreendidos. A estranheza dessa contradição, a estranheza desses paradoxos...

Diga-me, sua força invisível distante... Você algum dia se apaixonará por mim e sofrerá, assim como sofro agora com seu silêncio e com a crueldade de meu marido?

Lembro-me agora que uma vez tive um desentendimento com um homem cristão quando estava na universidade, antes de nos separarmos. Não me lembro de nada sobre ele agora, exceto o que ele disse naquele dia e que ele era cristão. Eu nem me lembro se eu o amava ou não. Ele disse: "O amor não pode ser considerado amor a menos que seja acompanhado de dor — sacrifício, privação e dor", e me deu exemplos de poetas insanos e das dores da maternidade, e de Romeu e Julieta. Eu não estava nem um pouco convencida por suas palavras e, embora eu tenha apagado seu rosto e nome da minha memória, suas palavras continuam assombrando os quartos trancados em minha mente...

126

As batidas acima de mim voltaram, eu sabia de onde vinha, do quarto 508, aquele logo acima do meu. Ele ou ela parecia ter uma bola de metal ou vidro, provavelmente uma bola de golfe, e muito provavelmente eles estavam jogando-a sobre a mesa que servia de escrivaninha. É preciso som e movimento em confinamento solitário. E deve ser o som e o movimento que vem de você, não de uma TV ou rádio, mas algo real que confirma sua existência neste espaço repleto de nada.

127

Eles começaram a bater nas portas, e essas batidas eram diferentes das batidas da sacola de comida, 410, depois 409, depois 407. Todos eles receberam caixas de *pizza*; eu perdi a conta? Eles chegaram um dia antes de mim? Eles vieram comigo? Eu receberia uma caixa de *pizza* hoje ou amanhã? Como os números e os dias se misturam de maneira tão estranha? Por que não sei nada sobre nada em particular? Eu não anotei e observei o suficiente? Quando eu sairia daqui? Terça-feira, como calculei, ou quinta-feira, como meu marido disse esta manhã, em um texto em resposta à minha confirmação de recebimento dos lápis de cor e do livro de colorir?

Como me sinto nauseada e tonta! Cada osso do meu corpo dói... e meus dentes! Mal posso aguentar minha dor de dente!

128

Encolhi-me no único ponto de luz que entrava na sala pela janela. Senti-me tonta novamente, observando o movimento dos carros indo e vindo e ao redor da rotatória. Talvez você saiba que a direção do tráfego aqui é oposta à direção do tráfego nos Emirados. Isso ainda me confunde, e agradeço a Deus quando lembro que passei no exame de direção aqui e oficialmente possuo uma carteira de motorista britânica! Lembrei que tinha esquecido de higienizar as mãos quando peguei as sacolas de café da manhã esta manhã, surtei e higienizei minhas mãos. Resolvi colocar o desinfetante na porta da mesma forma que deixei a máscara na porta, para não esquecer.

129

Eu vi três pegas brigando no estacionamento... Elas empurraram e lutaram com seus bicos várias vezes antes de duas delas se retirarem e voarem para longe entre as árvores, enquanto a terceira foi deixada sozinha na calçada. Eu me perguntei quem era a vencedora entre elas. Era a pega solitária na calçada? Como disse Paulo Coelho, "O vencedor fica sozinho". Nas guerras, todos perdem, a morte e a destruição afligem os dois lados, mas medimos as coisas por números, e é assim que decidimos a vitória e os aliados.

130

Ó gente, ó conhecidos, ó amigos! Ó você que uma vez viu meu rosto nu com suas espinhas, rugas e queimaduras de sol, você que conheceu meu rosto sem máscaras, eu lhe digo, honestamente, que meu nome hoje é Quatro Zero Oito, você ouviu? EU SOU QUATRO ZERO OITO. Memorize bem este nome e esqueça os números que aprendeu antes...

131

Caro Sr. Quatro Zero Sete,

Foi muito nobre da sua parte dizer bom dia hoje.

Não foi apropriado da sua parte, no entanto, me deixar parada ali sem se identificar claramente e dar seu nome.

Da próxima vez, sugiro que diga ao abrir a porta: Bom dia, sou Quatro Zero Sete.

Boa noite, Quatro Zero Oito

Gravei a mensagem e desliguei o telefone.

Felizmente, o serviço não estava funcionando!

132

Achei que daria aos meus fantasmas de papel nomes bobos e frívolos, como aqueles em alguns quadrinhos:

Fantasma (1) é o Mestre da Metamorfose Espacial.

Fantasma (2) é o Mestre do Vórtice.

Fantasma (3) é o Mestre Perdido.

Fantasma (4) é o Mestre Desconhecido.
Fantasma (5) é o Senhor dos Fantasmas.
Fantasma (6) é a Senhora do Terror.

133

Você não vai acreditar no que eles fizeram na hora do almoço. Havia duas senhoras loiras, estatura normal para mulheres escocesas, eu as observava pelo olho da porta quando o barulho das sacolas começou a vir sucessivamente, um após o outro. Elas largaram as sacolas e bateram na porta, meu sangue começou a ferver quando descobri que elas tinham pegado de volta a sacola. Olhei para o chão com as unhas afundando nos punhos e vi uma lancheira de papel no chão. Elas riscaram o número...

Escreveram meu nome...

Elas desenharam uma carinha...

407 abriu a porta, e eu gritei, emocionada:

— EI! Qual é o seu nome?

Ele me olhou confuso...

— EI! Qual é o seu nome?

Seu rosto se abriu em um sorriso e ele disse ansioso: Biko, meu nome é Biko!

Repeti depois dele, com um espanto que não era sem idiotice: Biko! Biko!

Virei minha sacola de comida para ele, apontando para o meu nome: Meu nome é Salma! Salma!

A voz do supervisor chegou até nós em um tom firme e professoral:

— Isso foi muito gentil, Salma! Eu agradeço! Mas já chega, por favor!

Nos escondemos atrás das portas...

Caí no chão ao lado do sofá, enterrando o rosto com o braço direito, inclinando-me na beirada sob os holofotes.

Chorei...

E chorei...

E chorei...

Senti um calor real pela primeira vez...

Prezado Biko,

Desculpe assustá-lo... Você estava tão bem em seu agasalho estiloso, você está sonhando em correr? Vai sair com segurança para respirar o ar puro?

Você odeia perguntas?

Eu também... Mas... Diga-me: como dois estranhos começam a conversar? Suspirei...

Sua vizinha 408.

Quero dizer, Salma.

135

Dobrei a sacola com "Salma" e coloquei na minha mala, já que levaria para casa comigo. Eu emolduraria e penduraria na parede...

136

Eu decidi ativar o contador de passos no meu relógio enquanto eu andava de um lado para o outro pelo quarto. Li hoje na internet que ficar sentado, imóvel, pode causar dor de estômago. Depois de alguns minutos, senti dor no tornozelo direito. Eu torci enquanto girava? Percebi que rangia os dentes o tempo todo, o que explicava minha dor... Resolvi me acalmar e fazer uma xícara de chá e almoçar.

137

Eu não podia tirar uma soneca depois do almoço, então fiquei perto da janela e apertei meu nariz em um canto, fechei meus olhos e forcei minha mente em vão. Eu não podia sentir o cheiro de nada do lado de fora.

Sentia falta do cheiro das coisas: das folhas, da sujeira, do escapamento dos carros, das caravanas de gado em volta da nossa bela casa de campo, do cheiro do riacho e da casca das árvores. Eu queria sentir o cheiro de algo que não fosse café e saquinhos de chá, e a comida embrulhada que tinha cor, sabor e cheiro sem graça.

Eu queria sentir o cheiro de algo além de desinfetante para as mãos, lenços umedecidos e sabonete de hotel de aeroporto.

O que foi, querido? Você não vai me enviar uma gota de perfume oud, do tipo que você coloca em seus pulsos? Você não quer chegar mais perto, para que eu possa cheirar seu pescoço antes de você ir trabalhar?

Escrevi "Biko" em um dos corações de origami, em bela caligrafia árabe, e decorei alguns dos corações com padrões estilo hena. Andei de um lado para o outro no quarto, sentei-me no chão, sentei-me no sofá, sentei-me na cama, deitei-me de bruços, me enrolei, levantei-me e andei de novo, olhei pela janela... Eu vi alguém no estacionamento pela primeira vez! Ele tinha um rosto branco e irreconhecível, cabelos escuros, usava calça preta e camiseta marrom. Ele estava ao telefone, dando pequenos passos para frente e para trás, sem sair do lugar. Eu estava de pé contra a janela, minha testa pressionada contra o vidro, minhas mãos levantadas sobre minha cabeça como no tubo de inspeção em Amsterdã, eu estava olhando diretamente para ele, como um fetiche morto, enquanto ele continuava seus movimentos tensos e falava ao telefone. Eu parecia uma estátua. Eu sabia que ele me via, mas ele não podia acreditar que eu estava de pé e olhando para ele daquele jeito... Como uma prisioneira enlouquecida. Ele parou de se mexer sem nunca parar de falar ao telefone e olhou para mim como se estivesse verificando se eu estava olhando para ele de propósito. Eu congelei meu olhar sobre ele, imóvel, ele olhou para mim com medo. Sua boca parou de se mover. Bati no vidro com a palma da mão direita, meus dedos bem abertos... Ele desvaneceu... Ficou paralisado. Seu rosto empalideceu. Ele abaixou o telefone, quase o deixando cair. Caí de pernas cruzadas no chão, eu o vi com o topo da minha cabeça espreitando pela beirada da janela, e ele viu que eu ainda estava lá.

    Droga, Salma... Droga... Assustando um prisioneiro como eu que saiu para aproveitar o ar fresco sob supervisão de segurança?!

O oitavo dia

Não sei quando adormeci ou quantas vezes acordei, mas lembro que o Sr. Starbucks não estava discutindo ao telefone ontem, mas gritando, rindo e balançando o quarto enquanto pulava para cima e para baixo. Tinha quase certeza de que ele estava jogando videogame on-line com seus amigos. Foi bom que seu humor mudou. Ele não saiu para fumar ontem à noite; aliás, eu vi na frente da porta dele ontem, além de sacolas Starbucks, sacolas de compras da S.O.S... O nome parecia se encaixar perfeitamente na quarentena. Eu odiava dizer que ele tinha bom gosto para fazer compras. Eu também amo essa loja, e já comprei lá mais de uma vez.

Sentei-me de costas na cadeira da escrivaninha, olhando para as montanhas no horizonte. Vislumbrei o topo de um prédio que me parecia um antigo castelo e percebi que nunca tinha olhado para aquele canto antes. Eu estava constantemente olhando na direção da rotatória, em direção à autoestrada que levava para casa. Subi na cadeira para ver mais detalhes do castelo. Lembrei-me de uma casa de estilo baronial, parecida com um pequeno castelo, que queríamos comprar antes da nossa casa atual. Estava muito além da nossa capacidade financeira, sem falar em todas as reformas de que iria precisar.

Desejei que as árvores que me separavam da estrada fossem mais curtas; gostaria de poder ver os prados atrás deles, ou observar um trator trabalhando no campo, ou os rolos cilíndricos de trigo graciosamente espalhados pelo campo. Talvez eu pudesse ver um cervo saltando entre eles.

Pássaros pretos voavam sobre as copas das árvores — pombos gordos, gaivotas e corvos —, mas tudo permanecia em silêncio... sem cheiro...

141

Não vou pedir para você me escrever, querido. Às vezes, o silêncio é melhor do que brigas, debates e censuras; às vezes o silêncio é mais quente e mais doce. Vou esperar para ver sua caligrafia em um pedaço de papel do nada, me dizendo: estou aqui, esperando... e estou ouvindo.

142

Sabe o que mais me dói? Que parei de dizer "obrigada" e "olá" e "bom dia". Eu apenas respondo perguntas e sigo instruções, e peço permissão para tudo, até para tomar ar fresco, receber algodão para os ouvidos, toalhas limpas e uma escova de banheiro!

Foi como ouvir uma voz honesta, quando escreveram meu nome no saco de papel ontem, embora, depois disso, tenham voltado a escrever 408 em cada saco.

Eu decidi... algo é possível... ainda existe uma possibilidade de agradecer durante a quarentena.

Peguei um dos corações de origami e escrevi em uma das duas partes: Obrigada, pessoal! E na outra parte: Obrigada, senhoras!

Eu desenhei um sorriso de cada lado igual ao que eles desenharam para mim. Escrevi meu nome, escrevi 408 de outra cor, fiz uma alça para o coração com uma das alças de sacolas que separei cuidadosamente do papel. Usei a fita que meu marido me mandou, para que parecesse uma bolsa com uma alça em forma de coração. Abri a porta e pendurei do lado de fora...

143

Recebi uma mensagem de texto do governo, um lembrete para fazer o segundo teste de covid no dia oito, com todos os habituais avisos do que aconteceria em caso de violação. Eu poderia pagar até dez mil libras se não seguisse as instruções. Fiquei preocupada o dia todo sem saber o porquê, e percebi o motivo quando li o texto. Eu estava alerta ao menor ruído, até abri a porta mais de uma vez na ilusão de que a batida era para mim. Perdi o apetite pelo voyeurismo, só queria pegar a caixa de *pizza* e fazer logo esse teste.

144

Ó, pastor de lendas...
Ó, ladrão de esperança...
O que você ouviu sobre a história das queixas na prisão?

Sobre sua solidão e sonhos, e as histórias que abandonaram ou carregaram com eles?

Quantos deles estavam enrolados em suas camas agora? Quantos estavam deitados em um colchão, olhando para o teto? Quantos deles choraram sob um banho morno?

Quantos deles estavam esperando por um envelope que foi aberto para inspeção?...

¤ ¤ ¤ ¤ ¤ ¤ ¤ ¤

Pensei em fazer xixi nos cantos do quarto, como fazem os animais. Pensei em manchar as paredes com pacotes de *ketchup*, cinco dedos de *ketchup* e uma mão vermelha em todos os pontos possíveis da parede, do teto, do guarda-roupa e do espelho. Pensei em escrever no vidro da janela com *ketchup* em letra espelhada, escrevendo a frase: "GOVERNO: VOCÊ NÃO É MEU PAI! NÃO, NÃO, NÃO, GOVERNO, VOCÊ NÃO É MEU PAI: E fazer um laço de origami para pendurar embaixo dele.

Mas aí me lembrei...

Eu ainda não tinha residência permanente...

Eu não tinha dinheiro suficiente para compensar os danos...

Eu não tinha um útero adequado para carregar outro Sina...

E se dissessem que eu era louca e não apta para o papel de mãe?!

Às quinze para as duas, o teste caseiro de covid ainda não havia chegado, e no 508 haviam voltado a fazer barulho. Ele estava batendo na beirada da janela de metal, eu estava sentada no chão ao lado da janela, comendo um pedaço de bolo de chocolate que sobrou da refeição do dia anterior. As batidas continuaram por cerca de dois minutos. Senti-me paralisada ao ouvi-lo bater; eu senti admiração; percebi que tinha voltado a ranger os dentes quando a dor começou, minha respiração ficou mais rápida e eu não tinha forças para controlá-la. Houve uma pausa de um minuto e depois mais batidas, mais lentas, do outro lado da mesa. Eu... Devo ligar para ele? Ela? Eles me deixariam?

O que aconteceu com o 508 hoje? E por que agora exatamente? Esta era a terceira vez que ele voltava a bater novamente em quinze minutos; havia menos batidas agora, mas ele ainda estava batendo. O que ele estava pensando? Quem estaria esperando por ele quando ele saísse? Ele iria para casa ou iria para outro hotel? Ele morava aqui, ou veio a trabalho, ou para visitar um parente?

Quem estava aqui durante o *lockdown*? Quem viajou de países da lista vermelha? Quem teria acreditado que chegaria o dia em que classificaríamos os países por cor, por indicadores de perigo e pelo *status* de sua pandemia?! Nós, que éramos filhos de guerras, calamidades, deslocamentos e pandemias!

Não aguentei mais. Peguei o telefone do hotel e olhei para o meu relógio, para que pudesse escolher a saudação apropriada. A telefonista atendeu:

— Boa tarde!

— Boa tarde!

— Por favor, quero saber quando eles virão para o segundo teste hoje. Tenho medo de perdê-lo e...

— Não, não, não se preocupe! Você não pode perder o teste, qual o número do seu quarto?

— 408.

— Hmmm, hmmm, bem, seu teste será amanhã, hoje é seu sétimo dia.

— Mas recebi uma mensagem do governo, e pensei...

— Tudo bem, hoje é seu sétimo dia. Você chegou na noite de 30 de maio, o que significa que hoje é o sétimo dia, amanhã é a data do teste.

— Ok, obrigada.

146

Quando o sol não se põe até às onze da noite, é difícil acreditar que chegou a noite.

Ótimo, isso significa que o oitavo dia virá duas vezes!

Lembrei-me de um poema de Mahmoud Darwish, no qual ele escrevia algo como: dois abraços, dois beijos, duas rosas, e dizer a ele duas vezes...

Começo a pensar delirantemente. Estou cansada, posso dormir, posso adormecer...

Perdi a minha curiosidade...

Perdi a minha capacidade de dormir...

Perdi a minha vontade de comer...

Já tentei alcançar prazer várias vezes... me machuquei e não tive resultados...

147

O telefone tocou.
— Olá, vizinha!
— Olá.
— Eu sou Biko! 407!

Biko Mullalu

O manso jovem moreno, de voz calma e linguagem clara e paciente, morava na África do Sul com o pai, onde cultivava milho e criava gado. Ele semeava milho em outubro e colhia no final de junho ou início de julho. Ele veio visitar seu irmão em Londres, para uma semana de férias, e talvez algo novo se abrisse para ele. Biko sabia "obrigado" e "olá" em árabe. Ele ouviu dois homens árabes do Egito falando na África do Sul um dia. Ele disse que os ouviu, perguntou-lhes o significado do que eles disseram e guardou em sua memória. Ele não sabia que o Egito era um país árabe! Para ele, era um país africano, como aquele que Nelson Mandela defendeu. Ele disse que era da mesma cidade de Mandela, especificamente, e que sua língua materna era a língua daquele país...

Disse que adorava escrever em sua língua africana, e que um dia escreveria um livro filosófico no qual encontraria Deus sem mensageiros e sem livro, entre as centáureas e os sons da natureza. Como *Hayy ibn Yaqzan* e *Ibn Tufail*![7]

Biko Mullalu, meu vizinho e companheiro no oitavo dia: Obrigada!

---

[7] Romance filosófico árabe e conto alegórico escrito por Ibn Tufail no início do século XII, em Al-Andalus.

Eu não estava delirando. Ouvi choro, ouvi gritos, ouvi vozes de crianças do 508. O som das batidas? Isso era uma criança! Oh, ai meu coração! Uma pequena menina!

Por favor! Por favor! Tire-me daqui! Minha casa é lá, atrás da serra, ali, onde as nuvens se abaixam e a lua desaparece. Por favor! Quero abraçar meu filho e ouvir sua voz, quero saber se ele está chorando ou não, se está sentado sozinho na janela, ouvindo o som de uma bola batendo na beirada, esperando a chuva parar. ...

O oitavo dia, de novo

Hoje é segunda-feira.
Data: 7 de junho de 2021
Local: Hampton Hotel, Edimburgo
Quarto: 408
Horário: Cinco da manhã

Não sei quantas horas dormi ontem, e não sei por que acordei tão cedo, mas lembro que me acalmei depois de ouvir a garotinha do 508 correndo e rindo no quarto dela, e então eu adormeci depois das nove. Decidi, pela primeira vez, que era hora de fazer uma ligação de verdade naquela noite.

Fiz uma videochamada para Sina e meu marido pelo Facetime, pois não está bloqueado aqui. Sina parecia cansado, o que eu esperava àquela hora da noite. Meu marido cortou o cabelo, ele estava lindo. Seu rosto branco manteve sua severidade, e seus olhos azuis mantiveram seu olhar cristalino...

Sina ficou muito feliz com Miffy, ele falou com uma voz doce e apertou as mãos no peito como as crianças fazem quando estão agradecidas, e disse: "Oh, eu adoro, mamãe! Eu amei! Mas eu daria outro nome. Eu chamaria de Totouz", e ele deu uma risada alegre e atrevida. Ele pediu para eu colocá-lo na cama dessa vez, pegou o telefone e levou para a cama, colocou na ponta e disse, fechando os olhos baixinho: Mamãe! Leia-me o Alcorão.

Li para ele Surat Al-Fatihah,[8] Sinceridade, Vitória e Al Kaferon...[9]

— Mamãe! O que significa *kafron*?

— Refere-se aos incrédulos que não amam a Deus.

— E se eu não quiser amar a Deus?

— Deus vai tirar de nós todas as coisas doces que Ele nos deu. Como papai faz quando você não faz o que manda.

— Tudo? Até os dinossauros debaixo da cama, os docinhos na cozinha e o...

— Sina, meu querido, é hora de dormir. Boa noite.

— Eu te amo, mamãe, e eu amo a Deus...

---

[8] Primeira surata do Alcorão. Consiste em sete ayah, que são orações por orientação e misericórdia. É recitada em orações muçulmanas obrigatórias e voluntárias, conhecidas como salah.

[9] Nome dado ao 109º capítulo do Alcorão.

Foi uma ligação curta. Me ajudou um pouco, me atormentou muito. Eu queria imaginar que Sina dormia tão silenciosamente quanto a garotinha do 508. Tentei me impedir de pensar em Sina ou na garotinha acima de mim, então colori meu livro de colorir, apontei os lápis de cor, desenhei quadrados pretos em corações de origami para que se assemelhassem a um tabuleiro de xadrez. Desejei ser uma criança de nove anos jogando xadrez com meu pai e movendo as peças com grande interesse enquanto ouvia sua voz me dizendo a localização das peças no tabuleiro, seus óculos pendurados na ponta do nariz enquanto lia devagar: A torre branca direita, três passos à frente, o bispo preto cruza a torre e seu plano, ameaçando o rei.

"Como você vai jogar agora?"

"Matar a torre com o peão?"

"Não, você está expondo o rei... por outro lado..." *Ele bateu o dedo indicador no tabuleiro como um aviso.*

"Ah, eu protejo o rei com o cavalo."

"Muito bem, muito bem! Foi exatamente isso que o campeão de xadrez do livro fez."

Desejei ter um tabuleiro de xadrez e o livro com o qual meu pai costumava ensinar a mim e meu irmão a jogar. Acho que seu nome era *O maior xeque-mate da história*, ou algo assim.

Quando eu sair daqui, vou procurar esse livro, e Sina e eu vamos passar horas brincando e lendo livros.

151

Começo a sentir como se você não me lesse, nem lesse o que eu escrevo para você. Estou delirando nisso também? As mensagens secretas que vejo no Instagram ao seguir sua conta, não são sobre algo como eu? Não são dicas secretas de que você está me lendo?

Eu me pergunto, você também está entediado comigo? Eu sou realmente... chata?

152

Tentei fazer uma lista das tarefas diárias que tenho que fazer com ou sem quarentena:

Acompanhar os números de contato dos expositores após a exposição.

Candidatar-me a uma bolsa de tradução.

Encontrar-me com a editora alemã hoje. *Zoom*, horário de Hamburgo.

A sessão introdutória sobre proteção de direitos de livros e pirataria. *Zoom*, horário de Roma.

Encontrar um ilustrador para a nova história.

...

Minha lista de afazeres foi interrompida por uma perturbadora sensação de fome. Percebi que eram nove horas e que não haviam batido na porta. Abri e não encontrei nada no chão... Liguei para eles, eles pediram o número do quarto e o café da manhã que eu queria, a recepcionista disse: Enviaremos imediatamente.

Hoje, eles esqueceram de me enviar o café da manhã e ontem esqueceram de perguntar sobre minha escolha de refeição — ou fizeram isso de propósito? Isso era possível! Minha dor de dente voltou... me acordou! Eu tenho que controlar os nervos... e tentar me acalmar, talvez jogar um jogo no *iPad*.

Limpei a privada e poli todas as coisas de prata que podia polir no banheiro: as torneiras do lavatório, a descarga da privada, o porta-papel higiênico, a caixa de lenços de prata ao lado da pia, a maçaneta do chuveiro, a saboneteira...

Tirei meu pijama, coloquei uma camisa azul sem mangas com flores brancas e *jeans*. Passei delineador e rímel, fiz uma xícara de café e me sentei, esperando uma batida na porta. No fim, a sacola chegou mais rápido do que eu esperava, mas o ritual foi mais breve dessa vez. Tirei uma foto dele, como faço toda vez que recebo uma sacola, mas estava com muita fome! Eu estava com tanta fome que por um segundo pensei em comer a salada de frutas enlatada, mas ainda preferia mastigar sacos de papel a ingerir aquela coisa...

154

A garotinha no andar de cima estava jogando uma bola de golfe na beirada da janela às dez e meia. Ela parou de bater abruptamente. Ouvi um grito e o som de choro — a mãe dela a repreendeu? Fez o pai dela puxar seu braço? Alguém deu um tapa nela? Eu me encolhi. Meu estômago apertou e meus dentes rangeram, e me lembrei daquela garota francesa que vi desaparecer com a mãe no carro no estacionamento do Parque da Academia de Polícia de Dubai, depois que seu pai lhe deu um tapa na cabeça. Ela era um pouco travessa, mas seu pai era sem dúvidas um idiota!

155

Voltei ao livro de colorir. Pintei uma caveira, um barco pirata e cobras marinhas. Pintei um cavalo-marinho, conchas e peixes... Meus olhos estavam cansados dos detalhes, mudei para o *iPad* para jogar um jogo. Eu estava fazendo estradas e trilhas com o dedo na tela, para que um carro pequeno pudesse atravessar e chegar aos cumes das montanhas. Abaixo havia um abismo. Se as estradas fossem muito curtas, o carro cairia no abismo, e se as estradas fossem muito longas, o carro cairia do outro lado da montanha. É um jogo que pode parecer bobo, mas precisa apenas de um pouquinho de cérebro, e muita concentração, e o mais legal é que se eu não conseguir julgar o comprimento correto para as estradas, o carro não cai no abismo. Em vez disso, um pequeno paraquedas aparece e o faz descer silenciosamente até o fundo, fazendo você sentir que há uma segunda chance quando a vida te leva para o fundo do poço...

Você vai me dar uma segunda chance? Uma em que você e eu somos como dois seres humanos reais? Em que estamos sentados juntos, vendo o sol se pôr sobre uma duna isolada no deserto, ou sentados perto da praia, ouvindo os sons do mar, as ondas quentes fazendo cócegas em nossos pés descalços... Em que eu fecho meus olhos, coloco minha cabeça em seu ombro, e ouço você falar comigo, sem me deixar esperando?

Harrogate....

As garrafas alcançaram à beira da janela, e eu ainda não saí... Que pena... Que pena...

A minha necessidade de nomes na quarentena está me assombrando... De ouvir as vozes dos seres humanos, pessoas como nós, que amam e sofrem. No segundo oitavo dia veio a voz de Savyana, meu anjo. Eu havia feito um coração para ela... Eu disse: Devo deixá-lo na porta? Isso é permitido?

— Não se preocupe, eu vou retirá-lo no final do dia.

— Vou escrever seu nome em árabe, tudo bem?

— É claro! A bondade é uma coisa universal! Não tem país ou idioma!

Savyana

Savyana suspirou profundamente ao telefone e pediu desculpas por esquecer de mim: Eu odeio que as pessoas passem fome, lamento que as opções de comida sejam tão limitadas, lamento muito que você tenha que escolher a opção vegetariana ou vegana na maioria das vezes. Acredite, sempre fomos legais com nossos hóspedes do hotel, muito atenciosos, sempre nos certificamos de que eles estivessem satisfeitos e felizes, e agora não podemos atendê-los adequadamente...

Isso é difícil para nós, muito difícil para nós.

Matthew

Matthew mora em Kirkcaldy. Ele caminha todos os dias até a estação para pegar o trem para o aeroporto de Edimburgo e de lá pegar um micro-ônibus para o hotel, às vezes andando um terço de hora em vez de pegar o ônibus. Matthew trabalha na cozinha, no serviço de quarto, e agora escreve com sua bela caligrafia nas sacolas e ajuda a distribuí-las. Matthew ama Savyana desde o primeiro dia em que ela começou a trabalhar no hotel. Ele sempre pedia tarefas de trabalho perto dela, para aumentar suas chances de falar com ela. Quanto sonha, hoje, em ver o rosto dela sem máscara! Ele gostaria que ela fumasse. Ele teria aprendido a fumar por ela, pois ele não perde uma oportunidade de olhar para os lábios dela sempre que ela para de trabalhar, para beber um gole de água. Ela sorri gentilmente para ele de longe, e seu rosto fica vermelho. Ele sorri sem dentes, mas ela conhece aquele sorriso. Ela abaixa os olhos... e levanta a máscara, continuando a trabalhar.

Quem é ele para sonhar com Savyana? E o que ele pode oferecer a ela? Para compartilhar um apartamento alugado de um quarto? Ou para ela acompanhá-lo nas viagens de trem e nas caminhadas entre as estações?

Savyana ama Matthew, e ela o observa em silêncio, desejando aquelas pequenas pausas quando costumavam sentar juntos para almoçar ou jantar, até mesmo essas pequenas pausas, roubadas pela pandemia e leis rígidas, a crueldade do distanciamento social, medidores de temperatura e máscaras. Savyana está se afastando cada vez mais de Matthew, enquanto seu contrato chega ao fim e a hora do desconhecido se aproxima. Ela vai ficar aqui? Ela irá no final de seu contrato para a Europa? Ela aceitará que Matthew possa um dia pensar que ela o considera seu patrocinador? Depois de todo esse caos entre seus países. E toda a pandemia, todo o bloqueio...

Savyana vai se afastando ainda mais de Matthew, cada dia mais, todos os dias.

O nono dia

Estou escrevendo para você do cativeiro.
Hoje é terça-feira.
Data: 8 de junho de 2021
Local: Hampton Hotel, Edimburgo
Quarto: 408
Hora: Duas horas da manhã

Eu estou escrevendo para você.
Eu tive um sonho estranho ontem à noite que foi muito perturbador, embora não fosse um pesadelo, longe disso... Eu estava me tocando em frente ao grande espelho do quarto e você me observava. Você me abraçou por trás e levou suas mãos com as minhas, me deixando tremendo, e depois desapareceu.

Acordei me sentindo carente, impotente, excitada... e com um estranho toque de vergonha.

Estou tentando não escrever isso para você, acredite. Estou tentando, mas não sei como as coisas acontecem, como sonho, como escrevo e como você pode ler isso e ficar calado. Como?

Talvez fosse um delírio de pânico sobre o teste? Imagina se o resultado dá positivo? Imagina se algo dá errado? Eu poderia ter me contagiado com uma das sacolas? Fiquei acordada a noite toda, calculando e folheando as possibilidades, apresentando em minha mente mil cenas de gritos e loucura e mil insultos e mil chutes na porta e nas sacolas e na janela inútil.

Imaginei uma cena em que uma mulher dava positivo na quarentena. Nela, ouvimos gritos que sacudiram o corredor, dei um pulo e abri uma fresta na porta. Em sucessão, 407 abriu cautelosamente, enquanto o Sr. Máscara do Batman com o cabelo prateado abriu a porta e espiou com a cabeça para fora. A voz do segurança gritou: "Fechem suas portas agora, todos, tranquem as portas neste momento". Fiquei apavorada... Desapareci, fechando até o olho mágico.

A cena estava completamente fora de controle. O som vinha de algum lugar à esquerda do meu quarto. Ela... 406... estava chorando e gritando como uma louca. "Não, não, não vou ficar aqui, não vou ficar aqui. Por favor, você pode colocar uma pulseira de rastreamento no meu pulso. Eu vou ficar em casa. Eu imploro, por favor, não me mantenha aqui. Por favor, quero ir para casa. Não, não..."

De repente, a gritaria parou. Ouvimos um corpo caindo no chão... Silêncio... silêncio...

Fiquei assim, nadando em minhas fantasias, até as seis horas, quando recebi uma mensagem dizendo: pare com seu delírio, o resultado é negativo.

Agora que os resultados do teste deram negativo, e eu sabia que estaria do lado de fora em dois dias, decidi organizar minha saída. Coloquei os presentes do Sina ao lado da bolsa holandesa com suas famosas ilustrações típicas em branco e azul; foi a última coisa que peguei antes de partir. Juntei meus fantasmas em um único pacote e pensei em enfiá-los entre as capas de um dos meus livros grossos. Juntei os corações, me sentindo um pouco solitária, mas pensei: vou fazer mais hoje e amanhã e deixá-los no parapeito da janela.

160

Resolvi limpar o quarto. Lembrei-me de que ontem não tinham enviado toalhas novas... Estranho, esqueceram-me completamente no "oitavo dia, parte dois": sem comida, sem toalhas. Eles também erraram na contagem?

Se eu não tivesse tirado as toalhas velhas, eu poderia tê-las reutilizado, mas vou ter que pedir toalhas limpas agora. Preciso de um banho depois dos pesadelos que tive ontem e, claro, do sonho estranho e do suor...

161

Tomei café da manhã, bebi duas xícaras de café, mandei respostas a alguns *e-mails* de negócios, observei as nuvens escuras que obscurecem o horizonte, senti a necessidade do som de água pulverizada. Eu estava prestes a ligar para eles, embora tenha pensado em primeiro olhar atrás da porta, e o fiz: o material do banheiro estava lá.

162

Houve uma batida solitária na minha porta no almoço. Biko havia ido embora, o Sr. Starbucks havia ido embora, a garotinha e o batedor de bola lá em cima se foram, as filas e filas de sacolas desapareceram, as batidas nas portas ao meu redor desapareceram, elas soavam cada vez mais distantes. Fiquei sozinha em quarentena, eu e aqueles carentes no final do corredor, nesse espaço do nada...

Até o saco de batatas fritas da mesma empresa veio sem gaivota dessa vez; era verde, não vermelho. Comi as batatas fritas andando de um lado para o outro do quarto mais rápido do que o normal, muito mais rápido do que o normal, senti uma pontada de dor na parte superior da coxa e meu tornozelo esquerdo começou a arder, percebi que sempre fazia uma curva à direita nas minhas voltas ao redor do tapete. Agora eu sabia o segredo da dor, e não parei... não mudei minha direção...

163

Eles ligaram para perguntar sobre minha comida amanhã. Eu escolhi, e perguntei:

— Posso saber quando vou ser liberada?

— Quinta-feira.

— A que horas?

— Tecnicamente, você pode sair quando quiser depois da meia-noite de quarta-feira. A menos que você queira tomar café da manhã conosco!

Agradeci e desliguei. Então foi isso que aconteceu. Todos foram embora ontem à noite, depois da meia-noite!

Como são difíceis as despedidas! Como é cruel esta solidão, meu misterioso e delicioso mestre, e como é triste partir amanhã, e você não me escreveu uma única resposta...

Eu realmente não sei como passei meu dia hoje. A essa altura você já conhece meus hábitos diários de tomar banho, limpar o quarto, fotografar malas, contar pássaros, observar o céu e o olho da porta.

Li um pouco, colori, joguei no *iPad*, tentei dormir, não dormi e, de repente, eram dez da noite.

Ouvi o som de um garotinho rindo enquanto corria pelo corredor. Pena que ele ia mais rápido que o olho da porta. Um novo detento, coitado, mal posso acreditar que esta é a noite anterior à minha última noite aqui... Mal posso acreditar...

O décimo dia

165

Estou escrevendo para você do cativeiro.
Hoje é quarta-feira.
Data: 9 de junho de 2021
Local: Hampton Hotel, Edimburgo
Quarto: 408
    A nova criança acordou e jogou uma bola contra a porta do quarto 410 das oito às nove e meia da manhã.
    Imaginei-a sentado de bunda na frente da porta, jogando a bola e esperando que ela caísse no chão: bateu duas vezes na porta, quicou duas vezes no chão, aí a criança começou de novo. Ela estava sentada perto da porta, eu sabia disso pelo tempo que ela levava para pegar a bola de volta.
    Queria poder levá-la até o morro perto da rotatória, ver coelhos juntos, xingar e jogar

uma bola na maldita janela. Eu gostaria de deixar Miffy na porta dela, mas como eu explicaria o desaparecimento de Miffy para Sina, que se apaixonou por ela na tela do telefone durante a videochamada? E onde eu poderia comprar um substituto para Miffy agora?

    Desejei muitas coisas... desejei morrer, desejei desaparecer ou ficar surda...

A décima primeira noite

Duas horas da manhã.

Choro lágrimas ardentes enquanto escrevo para você, desse cativeiro, da minha última noite aqui, e minha última noite com você, e a amargura dura aperta minha garganta e quase me impede de respirar. O que me resta agora? Desperdicei cada átomo em mim por você... Talvez eu tenha sonhado com algo que nunca poderia pagar, talvez tenha me afogado em uma ideia chamada "você", e talvez tenha dado uma segunda chance ao meu coração para bater, apesar de todo o constrangimento, todos os erros, tudo o que eu poderia permitir para mim e não permitir para você...

E eu te digo, se você não estivesse comigo na minha solidão, eu nunca teria escrito nada... admitido meu medo, fraqueza e luxúria selvagem...

Eu poderia suportar a mim mesma, e meus sentimentos de decepção e vergonha, dizendo:

Tudo bem, se nos encontrarmos em outro ano, em outra exposição ou feira de livros, ele terá esquecido que uma vez escrevi para ele. Talvez eu fique aliviada do meu constrangimento e use a quarentena como desculpa para a minha desordem e para a desordem dos meus pensamentos.

Ou talvez eu finja que não fui eu e não foi você...

Adeus, meu senhor... Talvez um dia retorne desta peregrinação para você. Talvez me jogue em seu ombro e chore lentamente...

Sem um abraço... E sem um som ou reprovação...

Estou escrevendo para você, deste grande cativeiro.

Caro Senhor X,

Pensei que pararia de escrever para você assim que saísse daqui. Meu coração se partiu naquela noite, não consegui dormir, não consegui escapar de você e você não conseguiu me impedir.

Eu disse a você: não me abandone.

E você disse: Impossível.

Ou talvez eu tenha pensado que você disse isso.

Voltei, me virando novamente. Talvez eu estivesse fora da quarentena temporária, apenas para me encontrar na quarentena maior, aquela em que não há som de sacolas, batidas em portas, números e nada para contar, apenas esperando por uma coisa, todos nós, cada um de nós, jovens e velhos, sãos e loucos, ricos e pobres, crentes e ateus, gaivotas e pegas...

Estamos todos esperando por isso, sem exceção...

A Morte.

¤ ¤ ¤ ¤ ¤ ¤ ¤ ¤

Por favor! Não me diga que estou desesperada e que esse é um dos efeitos colaterais do isolamento, ou suas consequências, ou que ficarei bem depois de um tempo e as coisas voltarão a ser como eram. Eu te pergunto, quais eram? Você sabe quais eram? Eu disse-te tudo? Eu escondi um pouco de mim de você?

Fui honesta? Ou eu menti para você?

Você me conhece agora?

E o que sei sobre você, além do que li em seu rosto e em seus olhos e nos dedos de suas mãos enquanto seguravam a caneta e assinavam uma cópia de seu livro. E seu lindo rosto que eu espiei quando roubei uma foto sua, antes que você colocasse sua máscara novamente.

E essas rugas sedutoras em torno de seus olhos estranhos e familiares, e seu olhar vago, que fica entre o calor, o vazio e a distância abismal. E minha reação ao som da sua respiração enquanto você estava a dois metros de mim, pelo menos, dentro dos limites das regulamentações e leis impostas a nós pela pandemia.

O que estou lhe dizendo agora? O que posso fazer a não ser escrever para você e fingir que você é quem está escrevendo para mim, e talvez eu secretamente deseje — no fundo do fundo — que realmente você faça isso, que você seja quem está escrevendo, não eu, e que você carregue meus vícios para mim, como um velho marinheiro que lutou sozinho com a gárgula e voltou com uma cara de sal, mancando devido à sua perna amputada e à muleta, junto com uma vara feita de osso de gárgula.

E confesso que, por mais vagos que sejam meus pensamentos, por mais rompidas que sejam minhas palavras, não consigo parar de escrever para você e esperar...

¤ ¤ ¤ ¤ ¤ ¤ ¤ ¤

Saí do quarto do hotel um minuto após a meia-noite. Sina e meu marido vieram me pegar, eu me senti pequena e fraca na frente de seu corpo forte e alto enquanto ele me abraçava. Senti como se algo tivesse emergido de dentro de mim enquanto saía do quarto. Eu caminhava atordoada, exausta, queria levar tudo e qualquer coisa comigo, até a sujeira do banheiro, a poeira que se acumulava e a poeira que eu havia limpado. Eu queria tirar o ar do quarto que nunca se refrescava, nem agora nem em mil anos, as garrafas de água vazias. As malas debaixo da mesa, a TV que nunca liguei, a chaleira, as sobras, as toalhas sujas, o cheiro do sabonete. Senti-me tonta, enjoada e cansada. Eu estava com medo, preocupada e ansiosa...

Senti remorso, muito remorso...

¤ ¤ ¤ ¤ ¤ ¤ ¤ ¤

Leia para mim, leia-me, leia sobre mim...

Estou escrevendo para você agora e não vou enviar para você, pois tenho certeza de que você não responderá nem lerá isso.

Mas o que me impede? Continuarei acreditando, não importa quanto tempo passe, e não importam as distâncias que nos separem. Eu permanecerei. Sim, minha paixão, meu tormento e meu santuário, permanecerei sendo uma obra de suas mãos...

¤ ¤ ¤ ¤ ¤ ¤ ¤ ¤

Talvez você tenha feito de mim uma escultura ou uma estátua, ou uma história de uma mulher; talvez, antes de escrever para você, eu fosse apenas uma coisa andando em linha reta, e talvez agora eu não seja nada, e a linha reta permaneça sozinha ao ar livre, e você e eu permanecemos em silêncio e gritando...

E importa qual de nós fez o quê? Enquanto você estiver comigo, não vou me preocupar em escrever um final para uma história, ou contar as dicas, contar as palavras e provar a saliva do leitor para determinar quanto sal adicionar aqui e ali.

Ó, formosa face de sal, ó caçador de gárgulas, ó arranhador do mar, ó coletor de ostras, por que espalhaste tuas pérolas no fundo do mar, e recolheste o tutano e as conchas?

Gosto de imaginar que suas mãos têm um toque áspero, e gosto de sentir em suas roupas um cheiro úmido, como o cheiro do mar, do qual nos envergonhamos quando voltamos, levando-o conosco para nossas casas com ar-condicionado depois de uma pequena caminhada na praia. Eu me pergunto: que praia era aquela onde você andava descalço quando era menino? Você jogou pedrinhas no meio das ondas?

Eu me pergunto... quantas conchas você coletou para brincar com os outros meninos? Quantos círculos você desenhou na areia enquanto pulava em um pé, e quantos tolos você jogou fora do círculo, rindo enquanto pulava vitorioso?

Será que um dia fui uma "Hessa" ou um "Moza", ou qualquer um desses nomes do mar, brincando de amarelinha na praia com uma trança fina desgrenhada pela umidade, usando um vestido laranja com bolinhas vermelhas e calça branca manchada na barra?

Eu ri alto naquele dia? Você olhou para mim e voltou a brincar com os meninos?

E então você cresceu para lançar suas redes rasgadas ao mar, ignorando uma corça na colina distante que estava olhando para você e esperando...

Seríamos duas dimensões em outro tempo, ou ainda estamos aqui? Podemos ouvir palavras sem que elas sejam ditas, escritas ou lidas? Os espíritos alcançam através do éter, através de uma picada apertada que o acorda durante a noite, ou através de um zumbido no ouvido? Você suspira lá se eu suspirar aqui? Você vai chorar sozinho se eu chorar em um poço profundo?

Ó, rosto de sal, ostras e conchas; ó, asceta do luxo.

Você vai voltar?

Você vai voltar?

E se você voltar... você vai ficar?

Eu não tenho nada para dar, e você não tem o que eu quero. Mas você vai ficar?

Você poderia?

¤ ¤ ¤ ¤ ¤ ¤ ¤ ¤ ¤

Abri aquele livro que você assinou para mim e virei suas malditas páginas, procurando o feitiço que me afogou dentro de você. Ou talvez fosse em sua coleção anterior de contos?

Quando eu chegar em casa, vou procurar aquela coleção, e vou ler palavra por palavra e letra por letra e encontrar sua maldição, sair de você, e... Bem... Eu menti... Eu ainda não saí da quarentena... Ainda te escrevo, e tenho medo de sair, e tenho medo de parar.

Você vai ficar comigo por um tempo? Você vai segurar minha mão? Tenho medo... não quero sair...

¤ ¤ ¤ ¤ ¤ ¤ ¤ ¤

A última parte

Troquei de roupa e me vesti, para Sina. Peguei seus brinquedos cuidadosamente na bolsa e saí do elevador atrás do funcionário que estava empurrando meu carrinho de bagagem. Tive que assinar alguns papéis, vi um funcionário carregando uma caixa plástica larga, parecida com a que te dão para esvaziar o conteúdo dos bolsos no aeroporto, assim como o relógio, os sapatos e o cinto. Vi que na caixa havia uma longa tesoura de prata como aquelas de cabeleireiro, um cabo de extensão, uma chave de fenda e quatro livros...

Um arrepio correu entre meus ombros enquanto eu continuava a assinar os papéis. Pensei em chamar a atenção deles para a gravidade de alguns desses itens...

O funcionário colocou a caixa na mesa em frente à recepcionista e disse, enquanto lia em um pequeno pedaço de papel: "Estas são para o quarto 408".

Estremeci e me virei rapidamente em direção à porta, focada no lado de fora, pois pensei ter visto o carro do meu marido. Corri em direção à saída, o faxineiro me chamou: Senhora! Congelei sem me virar, pensei em correr, fingir que não o ouvi, mas fiquei onde estava... Paralisada...

— Senhora! A senhora esqueceu isso.

E ele me entregou um marcador de páginas de madeira fino que tinha a imagem de um rosto vazio de um homem usando um lenço na parte de baixo. Corri em direção à porta, uma luz brilhante me cegou e tudo ficou branco. Fechei minhas mãos ao redor da sacola de presentes enquanto a apertava contra meu peito, tentando evitar que ela voasse. Tudo ficou branco, e não ouvi nada além do som de páginas sendo viradas...

¤ ¤ ¤ ¤ ¤ ¤ ¤ ¤

Ele abre um caderno, suspira... Ele coloca o marcador de livro plano dentro do caderno... Ele sente o rosto do homem sem feições na parte de baixo, e ele contempla o lenço na cabeça da cor do mar.

E ele escreve...

Vou confessar a você, e talvez você já saiba, não sou o primeiro homem a se apaixonar por uma mulher que ele mesmo criou, e amor, meu caro, sem dor não é amor...

Talvez eu tenha sido originalmente a criação de uma mulher desconhecida que vislumbrei por acaso na feira do livro, e talvez eu tenha assinado um romance para ela, e então sonhei com ela secretamente... Até que ela me perseguiu em meu isolamento e quarentena, entre as linhas do meu diário, e interrompeu minhas histórias e sequestrou meus romances, então ela se apoderou de mim, e eu sempre serei para você, um marcador de livro liso, um homem sem feições... ou até mesmo um nome... pelo qual você imaginou ter se apaixonado... E você o arrastou para que se apaixonasse por você também...

Sr. X.

Fonte:
Georgia
Papel:
Cartão LD 250g/m2 e pólen Soft LD 80g/m2
da Suzano Papel e Celulose